Den Gavmilde

Qur'an

En fremlægning af de tre første suraer

HAVENS FORLAG ﻼ

Den Gavmilde Qur'an - en fremlægning af de tre første suraer
ISBN: 87-990223-0-3

© 2005/1426 Havens Forlag
www.havensforlag.dk
info@havensforlag.dk

Oversættelse: Jakob Werdelin, Abdassamad Clarke og Suád Østergaard

Korrektur: Thomas Wiben, cand. mag. Dansk

Grafisk tilrettelægning: Franz Dupont

Bogen er sat i Gulliver.

Indhold

Oversætternes tak

Dette værk var ikke blevet til uden Aisha og Abdalhaqq Bewleys Qur'an-oversættelse fra 1999, *The Noble Qur'an, a new rendering of its meanings in English*. Det er deres evne til at forbinde en omhyggelig anvendelse af de mest pålidelige Qur'an-kommentarer med et klart og forståeligt nutidsengelsk, som har inspireret denne udgivelse.

Vi takker Joakim Garff, lic.theol. og forskningslektor ved Søren Kierkegaard Forskningscentret, for hans hjælp med vores overvejelser over og endelige beslutning om brugen af ordet 'Selv.'

Den Gavmilde Qur'an – en fremlægning af de første tre suraer er tilegnet Shaykh Dr. Abdalqadir as-Sufi, hvis hengivelse til genetableringen af den islamiske livstransaktion og dens videnskaber fra klassiske kilder har vejledt os under hele forløbet.

Alt godt i dette værk er fra Allah; alle fejl og mangler er fra os.

Forord

Med disse tre suraer indleder vi vor fremlægning af Den Gavmilde Qur'an til Danmarks befolkning i sikker overbevisning om, at den vil blive mødt af de mest positive og åbne sind. Sandheden er, at dette arbejde skulle have været udført for længst. Lige siden Søren Kierkegaard i sine sidste år kaldte på en tilbagevenden til Jesus' virkelige lære, er behovet for at bringe dansk levevis tilbage til et åndeligt grundlag kun vokset.

Den største hindring for at den søgende kan forstå islams betydning i dag, er måske islams tilsyneladende lighed med jødisk og kristen 'religion.' Denne misforståelse forværres kun af ethvert forsøg på at forklare islam i et forældet kirkeligt-teologisk sprog. For selv om Qur'anen bekræfter åbenbaringerne til profeterne, retter den de forandringer, som er opstået i budskabet. Dette er et af hovedtemaerne i disse tre første suraer.

I deres engelske oversættelse har Aisha og Abdalhaqq Bewley valgt at lade islams nøglebegreber stå som arabiske lydord, for eksempel *kufr, iman,* og *tawba,* eftersom disse begreber ikke dækkes af ord som 'vantro,' 'tro,' og 'anger.' Deres beslutning skyldes dog ikke kun, at disse ords mening nu begrænser sig til at antyde 'intolerance,' 'uvidenhed' og 'skyldkomplekser,' men også at flere europæiske sprog allerede er i færd med at integrere arabiske ord i takt med, at islam i stigende grad slår rod hos europæere. Men selv om vi forstår Bewleys bevæggrunde, har vi her ønsket at skabe en helt og holdent dansk fremlægning af Qur'anen, som umiddelbart overbringer dens budskab til alle på lige fod. Vi søger at lade Qur'anen tale med sin egen stemme ved netop at behandle vanskelige punkter i oversættelsen uden at forfalde til judæiske og kristne termer. Det rene danske sprog træder her i karakter som et kraftfuldt og smidigt værktøj. Hvert eneste ord og sætningsopbygning er valgt efter nøje undersøgelser af klassiske og anerkendte Qur'an-kommentarer og leksika (se ordforklaringen og listen over anvendte værker). Vi håber, at vi dermed har været beskyttet mod både forkerte fortolkninger og sproglige fejl, om end vi, som alle vores forgængere, må bekræfte, at Qur'anen er uoversættelig.

Det er vigtigt at forstå, at Allah i Qur'anen taler direkte til læseren her og nu, og at man vil få den rigeste oplevelse, hvis man nærmer sig Bogen med denne erkendelse. Derudover taler Allah ikke kun til 'I som er tro,' men også til jøder og kristne hver for sig, dem begge som 'Bogens Folk' og menneskeheden generelt, og kun Skaberen og læseren selv ved i hvilken kategori, han eller hun befinder sig.

Dog understreger den hyppige gentagelse af flertalsformen '*I som er tro*,' at Allah taler til et helt samfund, i ligeså høj grad som Han taler til det enkelte menneske alene overfor sin Skaber. Islam kan hverken forstås eller praktiseres af det isolerede individ – den ensomme borger fortabt i den nye verdensorden. Tværtimod skal det ledes af mænd og kvinder, som i fællesskab genskaber fællesskab.

Ligeledes er det væsentlig at huske, at Qur'anen indeholder dybder, som kun afsløres til mennesker, der underkaster sig det Guddommelige. Tilsyneladende simple udtalelser i Qur'anen åbner sig til disse tænksomme sind. Dette kan være med til at forklare, hvorfor generationer af muslimer, som har læst og genlæst Qur'anen, er blevet opslugt af meningslagene og dybderne i Bogen. Qur'anen er også i dag profetisk åbenbaring.

Fra denne åbenbaring og den profetiske *sunna* (Profetens levevis, der er manifestationen af Qur'anens budskab) som Madinas indbyggere eksemplificerede og overbragte til verden, opstod tre videnskaber, hvis omrids klart kan ses i Bogen: Videnskaberne om *islam, iman* og *ihsan*, som findes i ordforklaringen under 'islam,' 'tro/være tro' og 'handle skønt.' Disse tre dimensioner udgør tilsammen muslimernes *diin* – deres livstransaktion.

Med disse tre videnskaber har muslimerne igennem historien, og i vidt forskellige lande og kulturer, opbygget civilisationer, som var fuldkomne i deres egen tid og på deres eget sted. Det væsentlige er, at de alle var samfund hengivet til tilbedelsen af det Guddommelige og som følge heraf til at etablere retfærdighed blandt mennesker. Hvis der skal være noget håb for jordens befolkning, ligger det i denne sidste åbenbaring til dem fra Verdenernes Herre, Den Alnådige, Den Nådefulde.

Abdassamad Clarke, Suád Østergaard og Jakob Werdelin
København, 26. dhul-hijjah 1424 / 17. februar 2004

بسم الله الرحمن الرحيم

I Allahs navn, Den Alnådige, Den Nådefulde

1. Sura ÅBNINGEN
Al-Fatiha

I Allahs navn, Den Alnådige, Den Nådefulde

1 Lovprisning tilhører Allah, Verdenernes Herre,
2 Den Alnådige, Den Nådefulde,
3 Kongen på Afregningens Dag.

4 Dig tilbeder vi, og hos Dig søger vi hjælp.

5 Led os ad Den Lige Vej,
6 vejen for dem Du skænkede lykke,
7 ikke for dem hvorpå der er vrede
og de vildfarne.

2. Sura KOEN
Al-Baqara

1   Alif Lam Mim.

Det er Bogen uden tvivl.
Den indeholder vejledning for de som vogter sig;
2   de som tror på det usete og iværksætter bønnen
og giver ud af det som Vi har forsørget dem med;
3   de som tror på det som er blevet sendt ned til dig
og det som blev sendt ned før dig
og er sikre på det endelige.
4   De er vejledt af deres Herre.
Det er dem som har succes.

5   De som utaknemmeligt tildækker;
det gør ingen forskel
om du advarer dem eller ikke advarer dem,
de er ikke tro.
6   Allah har forseglet deres hjerter og ører,
over deres øjne er et slør.
En umådelig straf er deres.

7   Og blandt menneskene er der nogen som siger:
"Vi tror på Allah og Den Sidste Dag,"
men de er ikke tro.

8   De tror at de narrer Allah og de som er tro.
    De narrer ikke andre end sig selv,
        men de opfatter det ikke.

9   I deres hjerter er en sygdom,
        og Allah har forværret deres sygdom.
    En smertefuld straf er deres
        som følge af deres fornægtelse.

10 Når der bliver sagt til dem: "Skab ikke uorden på jorden,"
        siger de, "Vi skaber blot bedre orden."

11 Nej, i sandhed! De skaber uorden,
        men de opfatter det ikke.

12 Når der bliver sagt til dem: "Vær tro,
        på samme måde som folket er tro,"
        siger de, "Hvad! Skal vi være tro,
        som tåberne er tro?"
    De er tåberne, men de ved det ikke.

13 Når de møder de som er tro, siger de,
        "Vi er tro,"
        men når de er alene med deres sataner
        siger de, "Vi er i virkeligheden med jer.
    Vi gjorde blot nar."

14 Allah gør nar af dem og lader dem fortsætte blindt frem
        i deres grænseoverskridende ulydighed.

15 Det er de mennesker som har solgt vejledning for vildledning.
    Deres handel gav ikke afkast; de var ikke vejledt.

16 Deres tilstand er lig en som tænder et bål,
og når det oplyser alt omkring ham,
fjerner Allah deres lys
og efterlader dem i mørke, ude af stand til at se.

17 Døve, stumme, blinde; de vender ikke tilbage.

18 Eller en stormsky på himlen,
fuld af mørke, torden og lyn.
De stopper deres fingre i ørerne mod tordenbragene,
bange for døden.
Allah omslutter de som utaknemmeligt tildækker.

19 Lynglimtene frarøver dem næsten deres syn.
Hver gang det lyser op for dem går de,
men så snart mørket dækker dem, står de stille.
Hvis Allah ville, tog Han deres hørelse og syn.
Allah har magt over alting.

20 Menneskehed! Tilbed jeres Herre
som skabte jer og de som var før jer
for at I må vogte jer.

21 Det er Ham som gjorde jorden til et hvilested for jer,
og himlen en hvælving.
Han sender vand ned fra himlen,
og derved frembringer Han frugt som forsørger jer.
Så sidestil ikke noget med Allah, når nu I ved.

22 Og hvis I er i tvivl om det som Vi har sendt ned til Vor slave,
så frembring én sura magen til
og kald på jeres vidner, ud over Allah,
hvis I er sandfærdige.

23   Hvis I ikke gør det – og I vil aldrig gøre det –
        så vogt jer for Ilden hvis brændsel er mennesker og sten,
        klargjort til de som utaknemmeligt tildækker.

24   Giv gode nyheder
        til de som er tro og handler ret,
        at de har Haver
        hvorunder floder strømmer.
    Når de forsørges med dens frugter,
        siger de: "Dette er hvad vi blev forsørget med før."
    Men de fik kun en afglans af det.
    I den er der ægtefæller af perfekt renhed til dem,
        og de forbliver der i tidløs evighed.

25   Allah generer Sig ikke for at lave en lignelse om en myg
        eller en større ting.
    Hvad angår de som er tro,
        de ved at det er sandheden fra deres Herre.
    Men hvad angår de som utaknemmeligt tildækker,
        de siger: "Hvad mener Allah med den lignelse?"
    Han vildleder mange med den, og Han vejleder mange med den.
    Men Han vildleder kun afvigerne;
26   de som bryder deres pagt med Allah, efter de har givet deres æresord,
        og splitter hvad Allah har befalet skal være samlet
        og skaber uorden på jorden.
    Det er dem som er taberne.

27   Hvordan kan I fornægte Allah,
        når I var døde og Han gav jer liv;
        så forårsager Han jeres død, og så giver Han jer livet,
        og I sendes tilbage til Ham?

28   Det er Ham som skabte alt på jorden for jer,
        og derefter rettede Han Sin opmærksomhed mod himlen
        og opstillede dem i syv velordnede himle.
     Han har viden om alting.

29   Da din Herre sagde til englene,
        "Jeg vil sætte en stedfortræder på jorden,"
        sagde de: "Hvorfor sætte nogen på den som vil skabe uorden der
        og spilde blod,
        når vi bekræfter Din fuldkommenhed med lovprisninger
        og udråber Din renhed?"
     Han sagde: "Jeg ved hvad I ikke ved."

30   Han lærte Adam navnene, dem alle.
     Så viste Han dem til englene og sagde:
        "Fortæl Mig navnene på dem hvis I er sandfærdige."

31   De sagde: "Du er fuldkommen! Vi har ingen viden
        undtagen hvad Du har lært os.
     Du er Den Alvidende, Den Alvise."

32   Han sagde: "Adam, fortæl dem deres navne."
     Da han havde fortalt dem deres navne,
        sagde Han: "Fortalte Jeg jer ikke at Jeg kender
        det usete i himlene og på jorden,
        og at Jeg ved hvad I røber,
        og hvad I skjuler?"

33   Da Vi sagde til englene: "Bøj jer i støvet for Adam!"
        så bøjede de sig, undtagen Iblis.
     Han nægtede og var hovmodig og var en af dem som tildækker.

34   Vi sagde: "Adam, lev i Haven, du og din ægtefælle,
        og spis hvad I ønsker fra den hvor I end vil.
     Men kom ikke nær dette træ
        for så er I blandt de som gør uret.

35   Men satanen fik dem til at snuble derved,
        og fik dem bortvist fra hvor de var.
     Vi sagde: "Træd ned herfra som fjender af hinanden!
     På jorden har I husly
        og nydelse for en tid."

36   Så modtog Adam nogle ord fra Sin Herre,
        og Han vendte sig mod ham.
     Han er Den Evigt-Tilbagevendende, Den Nådefulde.

37   Vi sagde: " Træd ned herfra, alle som en!
     Kommer der vejledning til jer fra Mig,
        vil de som følger Min vejledning
        hverken ængstes eller sørge."

38   Men de som utaknemmeligt tildækker og fornægter Vore tegn,
        er Ildens beboere.
     De forbliver der i tidløs evighed.

39   Isra'ils stamme! Husk den lykke Jeg skænkede jer.
     Indfri jeres pagt med Mig, og Jeg indfrier Min pagt med jer.
     Frygt Mig alene.

40   Tro på hvad Vi har sendt ned
        som bekræfter det som er hos jer.
     Vær ikke de første til at tildække det
        og sælg ikke Mine tegn til en billig pris.
     Vogt jer for Mig alene.

41 Bland ikke sandhed med falskhed
        og undertryk ikke sandheden, når nu I ved.

42 Iværksæt bønnen og betal zakat
        og bøj jer med de som bøjer sig.

43 Beordrer I folk til lydigt at hengive sig, men glemmer jer selv
        til trods for at I reciterer Bogen?
    Fatter I det ikke?

44 Søg hjælp i standhaftighed og bøn.
    Men det er meget svært,
        undtagen for de ydmyge;
45   de som ved at de møder deres Herre
        og at de vender tilbage til Ham.

46 Isra'ils stamme! Husk den lykke Jeg skænkede jer,
        og at Jeg foretrak jer frem for alle andre væsner.

47 Vogt jer for en Dag hvor intet Selv
        er i stand til at hjælpe et andet på nogen måde.
    Ingen forbøn bliver godtaget fra det,
        ingen løsesum bliver modtaget fra det,
        og de er ikke hjulpet.

48 Husk da Vi frelste jer fra Faraos folk.
    De udøvede en ond straf over jer;
        de slagtede jeres sønner og lod jeres kvinder leve.
    Deri lå en umådelig prøvelse for jer fra jeres Herre.

49 Og da Vi skilte havet foran jer og frelste jer
        og druknede Faraos folk, mens I så på.

50 Og da Vi udmålte fyrre nætter for Musa,
og da han var draget bort, tog I kalven til jer,
og I gjorde uret.

51 Efter det undskyldte Vi jer
for at I må vise taknemmelighed.

52 Og da Vi gav Musa Bogen og sondringen
for at I må blive vejledt.

53 Og da Musa sagde til sit folk: "Mit folk,
I gjorde jer selv uret ved at tage kalven til jer
så vend jer mod jeres Skaber og dræb jer selv.
Hos jeres Skaber er det det bedste for jer."
Og Han vendte Sig mod jer.
Han er Den Evigt-Tilbagevendende, Den Nådefulde.

54 Og da I sagde: "Musa, vi vil ikke tro dig
før vi ser Allah med vore egne øjne."
Så tordenkilen dræbte jer
mens I så på.

55 Så bragte Vi jer tilbage til livet efter jeres død
for at I må vise taknemmelighed.

56 Og Vi lod skyerne give jer skygge
og sendte manna og vagtler ned til jer:
"Spis af de gode ting som Vi har forsørget jer med."
De gjorde Os ikke uret, tværtimod;
de gjorde sig selv uret.

57   Husk da Vi sagde: "Træd ind i denne by
         og spis i den hvad I end ønsker.
     Træd ind ad byporten, bøj jer i støvet og sig:
         'Befri os fra vore byrder!'
         – jeres fejl bliver tilgivet.
     Vi vil give mere til alle som handler skønt."
58   Men de som gjorde uret erstattede ordene
         med andre end dem de var blevet givet.
     Så Vi sendte en plage fra himlen
         ned på de som gjorde uret,
         fordi de afveg.

59   Og da Musa søgte vand til sit folk,
         sagde Vi, "Slå stenen med din stav."
     Da sprang tolv kilder frem fra den,
         og alle folkene kendte deres drikkested.
     "Spis og drik af Allahs forsørgelse
         og gå ikke omkring på jorden og skab uorden."

60   Og da I sagde, "Musa, vi vil ikke nøjes
         med kun én slags mad
         så bed din Herre om at forsyne os
         med det som vokser op af jorden,
         dens grønne planter, agurker,
         hvede, linser og løg."
     Han sagde: "Vil I erstatte noget bedre
         med noget ringere?
     Drag tilbage til Egypten, dér er hvad I beder om."
     Fornedrelse og armod blev stemplet på dem.
     De kaldte Allahs vrede ned over sig.
     Det var fordi de blev ved med at tildække Allahs tegn
         og dræbe profeterne uden ret.
     Det var fordi de var oprørske og overskred grænserne.

61 De som er tro og jøderne,
   de kristne og sabainerne
   – de som tror på Allah og Den Sidste Dag og handler ret –
   har deres løn hos deres Herre.
   De hverken ængstes eller sørger.

62 Husk da Vi lavede pagten med jer
   og løftede bjerget over jeres hoveder:
   "Grib hårdt fat om hvad Vi gav jer
   og husk indholdet
   for at I må vogte jer."
63 Så vendte I jer bort,
   og var det ikke for Allahs overflod til jer
   og Hans nåde,
   havde I været blandt taberne.

64 Du har kendskab til de som brød sabbatten.
   Vi sagde til dem: "Vær aber! – afskyede, udstødte."
65 Vi gav dem en straf som et eksempel for de som var tilstede
   og for de som kom efter dem
   og som en formaning til de som vogter sig.

66 Og da Musa sagde til sit folk,
   "Allah befaler at I slagter en ko,"
   sagde de: "Hvad! Gør du nar af os?"
   Han sagde: "Jeg søger tilflugt hos Allah
   fra at være en af de uvidende."

67 De sagde: "Bed din Herre om at forklare os
   hvilken slags."
   Han sagde: "Han siger, 'det skal være en ko,
   hverken gammel eller ung, men midt imellem.'
   Så gør som I får besked på."

68 De sagde: "Bed din Herre om at forklare os
        hvilken farve den skal have."
    Han sagde: "Han siger, 'Det skal være en ko
        af ægte gul farve,
        en nydelse for alle som ser den.'"

69 De sagde: "Bed din Herre om at forklare os
        hvilken slags.
    Køer er alle ens for os.
    Så, om Allah vil, bliver vi vejledt."

70 Han sagde: "Han siger, 'Det skal være en ko,
        hverken opdrættet til at pløje jorden eller vande marker,
        helt sund, uden fejl.'"
    De sagde: "Nu har du bragt os sandheden."
    Så de slagtede den – men de havde nær ikke gjort det.

71 Da I dræbte et menneske
        og voldsomt anklagede hinanden for det,
        afslørede Allah hvad I skjulte:

72 Vi sagde: "Slå ham med en del af den!"
    Sådan giver Allah liv til de døde
        og viser jer Sine tegn
        for at I må bruge jeres fatteevne.

73 Derefter hærdede jeres hjerter
        så de blev som sten eller endnu mere hårde.
    Og dog er der sten hvorfra floder vælder
        og andre som splittes så vandet siler ud
        og atter andre som styrter sammen af frygt for Allah.
    Allah er ikke ubevidst om hvad I gør.

74 Håber I virkelig at de vil underlægge sig jeres tro,
        når en gruppe af dem hørte Allahs tale,
        og med vilje forvrængede den
        efter at have fattet den?

75　Når de møder de som er tro siger de:
　　　"Vi er tro."
　　Men når de er sammen med hinanden, siger de,
　　　"Fortæller I dem
　　　hvad Allah har åbenbaret jer
　　　så de kan bruge det imod os
　　　foran vor Herre?
　　Fatter I det ikke?"

76　Ved de ikke at Allah ved hvad de holder hemmeligt
　　　og hvad de offentliggør?

77　Nogle af dem er ulærde
　　　og ved ikke andet om Bogen end ønsketænkning.
　　Det er bar spekulation.

78　Ve over dem som skriver Bogen med deres egne hænder
　　　og så siger: "Dette er fra Allah,"
　　　for at sælge den til en billig pris.
　　Ve over dem for hvad deres hænder har skrevet!
　　Ve over dem for hvad de optjener!

79　De siger, "Ilden vil kun røre os nogle få dage."
　　Sig, "Har I lavet en pagt med Allah
　　　– så vil Allah ikke bryde Sin pagt –
　　　eller siger I snarere om Allah hvad I ikke ved?"

80　Nej, i sandhed! De som ophober usle handlinger
　　　og er omsluttet af deres fejl,
　　　så de er Ildens beboere,
　　　de forbliver der i tidløs evighed,
81　　og de som er tro og handler ret,
　　　de er Havens beboere;
　　　de forbliver der i tidløs evighed.

82 Husk da Vi lavede pagten med Isra'ils stamme:
      "Tilbed ingen andre end Allah og vær god mod jeres forældre
      og mod slægtninge og faderløse og de nødstedte,
      og tal gode ord til folk
      og iværksæt bønnen og betal zakat."
    Men så vendte I jer bort – undtagen ganske få af jer –
      I vendte jer væk.

83 Husk da Vi lavede pagten med jer:
      Spild ikke jeres blod
      og jag ikke hinanden ud af jeres hjem.
    Da bekræftede I den, og I var alle vidner.

84 Og så er I folket som dræber hinanden
      og jager en gruppe af jer fra deres hjem
      og samler jer om forkerte handlinger og fjendskab imod dem,
      og hvis de bringes til jer som fanger, afkræver I løsesum
      selv om det var jer forbudt at jage dem fra begyndelsen!
    Tror I da på en del af Bogen
      og fornægter en anden?
    Hvad er tilbagebetalingen til de af jer som gør det
      – andet end vanære i det lavere liv?
    Og på Opstandelsens Dag bliver de hentet tilbage
      til den hårdeste af straffe.
    Allah er ikke ubevidst om hvad I gør.

85 Det er dem som køber det lavere liv med det endelige.
    Straffen lettes dem ikke.
    De er ikke hjulpet.

86 Vi gav Musa Bogen
    og sendte en række af sendebude efter ham.
Vi gav 'Isa, Maryams søn, de klare beviser
    og styrkede ham med Renhedens Ånd.
Hvorfor er det sådan at hver gang et sendebud kom til jer
    med noget I ikke selv begærede,
    blev I hovmodige,
    og fornægtede nogle af dem og dræbte andre?

87 De siger: "Vore hjerter er uomskårne."
Allah har snarere forbandet dem
    for deres utaknemmelige tildækning.
Hvor ringe er deres tro!

88 Når en Bog kommer til dem fra Allah
    som bekræfter hvad der er hos dem
    – til trods for at de før det bad om sejr
    over de som tildækker –
    når det de genkender kommer til dem,
    tildækker de den.
Allahs forbandelse er over de som utaknemmeligt tildækker.

89 Hvilken ond ting de har solgt sig selv for;
    at tildække hvad Allah har sendt ned
    i forbitrelse over at Allah sender Sin overflod ned
    til hvem end af Sine slaver Han vil.
De har nedkaldt vrede på vrede over sig selv.
De som tildækker har en ydmygende straf.

90 Når der bliver sagt til dem, "Tro på det som Allah har sendt ned,"
    siger de: "Vi tror på det som er sendt ned til os,"
    og de fornægter alt ud over det
    selv om det er sandheden som bekræfter hvad de har.
Sig, "Hvis I er tro,
    hvorfor dræbte I så tidligere Allahs profeter?"

91 Musa bragte jer klare beviser;
       og så, efter han drog bort, tog I kalven til jer,
       og I gjorde uret.

92 Husk da Vi lavede pagten med jer
       og løftede bjerget over jeres hoveder:
    "Hold godt fast i hvad Vi har givet jer og lyt efter."
    De sagde: "Vi lytter og er ulydige."
    De blev sat til at drikke kalven helt ind i hjertet
       som følge af deres utaknemmelige tildækning.
    Sig: "Hvis I er tro, hvilken ond ting
       jeres tro har fået jer til at gøre."

93 Sig: "Hvis det endelige hvilested hos Allah er forbeholdt jer
       og kun jer,
       så ønsk jer døden hvis I er sandfærdige."

94 Men de vil aldrig ønske sig den
       på grund af hvad deres hænder har sendt i forvejen.
    Allah kender de som gør uret.

95 Tværtimod vil du finde
       at de er de mest grådige efter livet blandt mennesker
       – mere end de som tilskriver Allah partnere –
       enhver af dem ville elske at få lov til at leve i tusind år.
    Men at få lov at leve ville ikke frelse ham
       fra straffen.
    Allah ser hvad de gør.

96 Sig: "Enhver som er fjende af Jibril;"
       – det var ham som bragte dette ned på dit hjerte,
       med Allahs tilladelse,
       som bekræfter hvad der kom før det
       og som en vejledning og gode nyheder til de som er tro –

97   "enhver som er fjende af Allah og Hans engle,
         og af Hans sendebude og Jibril og Mika'il,
         skal vide at Allah er fjende af de som tildækker."

98   Vi har sendt åbenlyse tegn ned til dig,
         og ingen tildækker dem, undtagen afvigerne.

99   Hvorfor er det sådan at hver gang de laver en pagt,
         smider en gruppe af dem den til side med afsky?
         Nej, i sandhed! Flertallet af dem er ikke tro.

100   Når et sendebud kommer til dem fra Allah,
         som bekræfter hvad der er hos dem,
         smider en gruppe af de som modtog Bogen
         Allahs Bog om bag ryggen med afsky
         som om de ikke ved.

101   De følger det som satanerne reciterede under Sulaymans kongedømme.
         Sulayman tildækkede ikke, men satanerne gjorde
         idet de lærte folk magi
         og det som blev sendt ned til de to engle i Babylon,
         Harut og Marut,
         som aldrig underviste nogen uden først at sige til ham,
         "Vi er kun en prøve,
         så bliv ikke en som tildækker."
         Fra dem lærte de sig at så splid mellem en mand og hans kone,
         men de skadede ikke nogen med det,
         undtagen med Allahs tilladelse.
         De lærte sig det som skader dem
         og ikke gavner dem.
         De ved at enhver som køber det
         ikke har del i det endelige.
         Hvilken ond ting de har solgt sig selv for,
         om de blot vidste det.

102 Hvis de blot havde været tro og havde vogtet sig!
En belønning fra Allah er bedre,
   om de blot vidste det.

103 I som er tro! Sig ikke "*ra'ina,*"*
   sig "*undhurna,*"* og lyt efter.
De som utaknemmeligt tildækker; en smertefuld straf er deres.

104 Bogens Folk som utaknemmeligt tildækker
   og de som tilskriver Allah partnere,
   ønsker ikke at noget godt sendes ned til jer
   fra jeres Herre.
Men Allah udvælger hvem Han end vil som modtager af Sin nåde.
Allah besidder umådelig overflod.

105 Hver gang Vi ophæver et tegn eller forårsager at det glemmes,
   bringer Vi et som er bedre end det eller lig det.
Ved du ikke at Allah har magt over alting?

106 Ved du ikke at Allah,
   Han ejer himlenes og jordens kongedømme,
   og at I, med undtagelse af Allah,
   ikke har nogen beskytter eller hjælper?

107 Eller vil I spørge jeres sendebud
   som Musa før blev spurgt?
Enhver der udveksler tro for tildækning,
   er med sikkerhed faret vild fra den jævne vej.

---

* Begge disse arabiske udtryk betyder "Se på os!" men det første har en
nedladende dobbelttydighed som det andet ikke har.

108 Mange af Bogens Folk ville elske det
 hvis de kunne få jer til igen at tildække
 efter at I tror,
 på grund af deres lede misundelse,
 nu hvor sandheden står dem klar.
 Men I skal undskylde dem og vende jer væk
 indtil Allah giver Sin befaling.
 I virkeligheden har Allah magt over alting.

109 Iværksæt bønnen og betal zakat.
 Alt godt I sender i forvejen for jer selv,
 finder I hos Allah.
 I virkeligheden ser Allah hvad I gør.

110 De siger, "Ingen vil træde ind i Haven,
 undtagen jøder og kristne."
 Sådan er deres ønsketænkning.
 Sig: "Kom med jeres bevis, hvis I er sandfærdige."

111 Overhovedet ikke! Alle som underkaster sig Allah helt
 og handler skønt,
 har deres løn hos deres Herre.
 De hverken ængstes eller sørger."

112 Jøderne siger: "De kristne har intet at holde fast i,"
 og de kristne siger: "Jøderne har intet at holde fast i,"
 og alligevel reciterer begge fra Bogen.
 De som ingen viden har, siger det samme som de siger.
 Allah dømmer mellem dem på Opstandelsens Dag
 angående de ting de er uenige om.

113 Hvem gør mere uret
  end en som spærrer adgangen til Allahs moskéer
  og forhindrer at Hans navn bliver ihukommet deri
  og ivrigt render rundt og ødelægger dem?
 Sådanne mennesker vil aldrig kunne træde ind i dem
  – undtagen med frygt.
 For dem er der vanære i det lavere,
  og i det endelige har de en umådelig straf.

114 Allah ejer både øst og vest
  så hvorhen I end vender jer,
  der er Allahs Ansigt.
 Allah er alt-omsluttende, alvidende.

115 Og de siger: "Allah har en søn."
 Fuldkommen er Han!
 Nej, Han ejer alt i himlene og på jorden.
 Alt adlyder Ham,
116 Frembringeren af himlene og jorden.
 Når Han beslutter noget,
  siger Han blot: "Vær!" så er det.

117 De som ingen viden har, siger:
  "Hvis bare Allah ville tale til os
  eller et tegn komme til os!"
 Nøjagtig som dem før dem
  der sagde det samme som de siger.
 Deres hjerter er næsten ens.
 Vi har gjort tegnene åbenlyse
  for folk som har vished.

118 Vi har sendt dig med Sandheden
  for at bringe gode nyheder og for at advare.
 Spørg ikke om beboerne i Den Brølende Ild.

119 Jøderne og de kristne vil aldrig være tilfredse med dig
    før du følger deres levevis.
    Sig: "I virkeligheden er Allahs vejledning vejledningen."
    Skulle du følge deres påfund og begær,
        efter at viden er kommet til dig,
        har du ingen beskytter eller hjælper imod Allah.

120 De til hvem Vi har givet Bogen
        som reciterer den som den skal reciteres,
        sådanne mennesker tror på den.
    De som tildækker den; det er dem der er taberne.

121 Isra'ils stamme! Husk den lykke Jeg skænkede jer,
        og at Jeg foretrak jer frem for alle andre væsner.

122 Vogt jer for en Dag hvor intet Selv
        er i stand til at hjælpe et andet
        på nogen måde,
        og ingen løsesum bliver modtaget fra det,
        og ingen forbøn gavner det,
        og de er ikke hjulpet.

123 Husk da Ibrahim blev prøvet af sin Herre
        med visse ord som han udførte til punkt og prikke.
    Han sagde: "Jeg vil gøre dig til et forbillede for menneskeheden."
    Han sagde: "Hvad med mine efterkommere?"
    Han sagde: "Min pagt omfatter ikke de som gør uret."
124 Og da Vi gjorde Huset til et sted hvortil menneskeheden vender tilbage
        og et ly:
    "Tag Ibrahims stade som bedested."

Vi indgik en pagt med Ibrahim og Isma'il:
"Rens Mit Hus
for de som går rundt om det,
for de som forbliver der,
de som bukker
og de som bøjer sig i støvet."

125 Og da Ibrahim sagde: "Min Herre, gør dette til et sikkert sted
og forsørg dets indbyggere med frugter
– alle de af dem
som tror på Allah og Den Sidste Dag."
Han sagde: "Jeg lader den som utaknemmeligt tildækker
nyde livet en kort stund,
men så driver Jeg ham ind i Ildens straf.
Hvor ondt er rejsens mål!"

126 Da Ibrahim byggede Husets fundament med Isma'il:
"Vor Herre, modtag dette fra os.
Du er Den Alhørende, Den Alvidende.

127 Vor Herre, gør os begge til muslimer som underkaster sig Dig
og vore efterkommere til et samfund som underkaster sig Dig.
Vis os riterne for vores tilbedelse og vend Dig mod os.
Du er Den Evigt-Tilbagevendende, Den Nådefulde.

128 Vor Herre, rejs et sendebud iblandt dem fra deres egne
som reciterer Dine tegn for dem
og lærer dem Bogen og visdom
og renser dem.
Du er Den Almægtige, Den Alvise."

129 Hvem afsværger med vilje Ibrahims levevis,
undtagen en der afslører sig selv som en tåbe?
Vi udvalgte ham i det lavere,
og i det endelige er han blandt de som handler ret.

130 Da hans Herre sagde til ham: "Underkast dig!"
sagde han, "Jeg underkaster mig Verdenernes Herre."

131 Ibrahim anviste sine sønner dette, og ligeså gjorde Ya'qub:
"Mine sønner! Allah har valgt denne livstransaktion for jer,
så dø ikke, undtagen som muslimer."

132 Eller var I tilstede da døden nærmede sig Ya'qub,
og han sagde til sine sønner:
"Hvad vil I tilbede når jeg er borte?"
De sagde: "Vi vil tilbede din Gud,
dine forfædres
– Ibrahim, Isma'il og Ishaqs – Gud,
én Gud.
Vi er muslimer, underkastet Ham."

133 Det er et samfund som for længst er forsvundet.
Det har hvad det optjente.
I har hvad I optjente.
I bliver ikke spurgt om hvad de gjorde.

134 Og de siger: "Vær jøder og kristne og I vil være vejledt."
Sig: "Antag hellere Ibrahims levevis,
en mand af naturlig tro.
Han var ikke en af de som tilskriver Allah partnere."

135 Sig: "Vi tror på Allah
og det som er sendt ned til os,
og det som blev sendt ned til Ibrahim
og Isma'il og Ishaq
og Ya'qub og stammerne,
og det som blev givet til Musa og 'Isa,
og det som blev givet profeterne af deres Herre.
Vi gør ikke forskel på nogen af dem.
Vi er muslimer, underkastet Ham."

136 Hvis de tror på det samme som I tror på,
      er de vejledte.
   Men hvis de vender sig bort,
      er de forankrede i fjendskab.
   Allah vil være nok for dig imod dem.
   Han er Den Alhørende, Den Alvidende.

137 Allahs farvning
      – og hvem farver bedre end Allah?
   Det er Ham vi tilbeder.

138 Sig: "Strides I med os om Allah
      når Han er vores Herre og jeres Herre?
   Vi har vores handlinger, og I har jeres handlinger.
   Vi handler for Ham alene."
139 Eller siger de at Ibrahim og Isma'il og Ishaq
      og Ya'qub og stammerne var jøder eller kristne?
   Sig: "Hvem ved bedst, I eller Allah?"
   Hvem gør mere uret
      end en som skjuler et bevis
      som han har modtaget fra Allah?
   Allah er ikke ubevidst om hvad I gør.

140 Det er et samfund som for længst er forsvundet.
   Det har hvad det optjente.
   I har hvad I optjente.
   I bliver ikke spurgt om hvad de gjorde.

141 Tåberne blandt menneskene vil sige:
      "Hvad har vendt dem fra
      den retning de havde før?"*
   Sig: "Allah ejer både øst og vest.
   Han vejleder hvem Han end vil til en lige vej."

---

* Henviser til da bederetningen (*qibla*) blev ændret fra Jerusalem til Makka.

142 Sådan har Vi gjort jer til et samfund i midten,
   så I må være vidner imod menneskeheden,
   og Sendebudet må være et vidne imod jer.
Vi angav kun den retning I havde før
   for at Vi kan kende de som følger Sendebudet
   fra de som vender omkring på deres hæle.
Selv om det i sandhed er meget svært
   – undtagen for de som Allah har vejledt.
Allah lader aldrig jeres tro gå til spilde.
Allah er meget blid og nådefuld mod menneskene.

143 Vi har set dig kigge mod himlen
   og vende dig den ene og den anden vej,
      så Vi vil vende dig i en retning som stiller dig tilfreds.
Vend derfor dit ansigt mod Den Hellige Moské.
Hvor I end er; vend jeres ansigter mod den.
De som modtog Bogen ved at det er sandheden fra deres Herre.
Allah er ikke ubevidst om hvad I gør.

144 Hvis du bragte hvert eneste tegn
   til de som modtog Bogen,
   ville de stadig ikke følge din retning.
Du følger ikke deres retning.
De følger ikke hinandens retning.
Skulle du følge deres påfund og begær,
   efter at viden er kommet til dig,
   ville du være en af de som gør uret.

145 De som Vi gav Bogen genkender den
   som de genkender deres egne sønner.
Og alligevel skjuler en gruppe af dem sandheden
   selv om de kender den.

146 Sandheden er fra din Herre,
　　　så vær ikke for nogen pris en af dem som tvivler.

147 Alle har en retning de vender ansigtet mod,
　　　så løb om kap med hinanden mod det gode.
　　Hvor I end er, bringer Allah jer sammen.
　　I virkeligheden har Allah magt over alting.

148 Hvor du end kommer fra, vend dit ansigt mod Den Hellige Moské.
　　Dette er sandheden fra din Herre.
　　Allah er ikke ubevidst om hvad I gør.

149 Hvor du end kommer fra, vend dit ansigt mod Den Hellige Moské.
　　Hvor I end er, vend jeres ansigter mod den,
　　　så folk ikke har noget at sige imod jer,
　　　undtagen de af dem som gør uret;
　　　frygt ikke dem, frygt Mig.
　　Sådan fuldkommengør Jeg den lykke Jeg skænker jer
　　　for at I må blive vejledt.

150 Derfor har Vi rejst et sendebud iblandt jer fra jeres egne
　　　som reciterer Vore tegn for jer og renser jer
　　　og lærer jer Bogen og visdom
　　　og lærer jer ting I ikke vidste før,

151 　　så ihukom Mig – Jeg vil ihukomme jer.
　　Vær taknemmelige mod Mig og vær ikke utaknemmelige.

152 I som er tro, søg hjælp i standhaftighed og bøn.
　　Allah er med de standhaftige.

153 Sig ikke at de som dræbes på Allahs vej,
　　　er døde.
　　Tværtimod, de er i live,
　　　men I opfatter det ikke.

154 Vi vil prøve jer med en vis grad af frygt og sult,
    tab af rigdom, af liv og af frugter.
Men giv gode nyheder til de standhaftige:

155 De som, når katastrofen rammer dem, siger,
    "Vi tilhører Allah, og til Ham vender vi tilbage."

156 Til dem er der tilgivelse
    fra deres Herre, og nåde;
    det er dem der er vejledte.

157 Safa og Marwa er blandt Allahs landmærker
    så enhver som foretager
    hajj til Huset
    eller den mindre valfart,
    gør intet forkert i at vandre frem og tilbage imellem dem.
Hvis nogen frivilligt handler skønt,
    er Allah taknemmelig, alvidende.

158 De som skjuler de klare beviser og vejledningen
    som Vi har sendt ned,
    efter at Vi i Bogen har forklaret dem for menneskeheden;
Allah forbander dem, og de som forbander, forbander dem

159 – undtagen dem som vender om
    og bringer orden i sagerne og forklarer tingene.
Jeg vender Mig mod dem.
Jeg er Den Evigt-Tilbagevendende, Den Nådefulde.

160 De som utaknemmeligt tildækker
    og dør mens de utaknemmeligt tildækker,
    over dem er Allahs forbandelse
    og englenes og hele menneskehedens.

161 De forbliver der i tidløs evighed.
Deres straf lettes ikke.
De får ingen udsættelse.

162 Jeres Gud er én Gud
     – ingen gud, kun Ham,
  Den Alnådige, Den Nådefulde.

163 I himlenes og jordens skabelse
     og i nattens og dagens vekslen,
     og skibene som sejler på havet til folks gavn,
     og vandet som Allah sender ned fra himlen
     – hvorved Han genopliver jorden efter dens død,
     og spreder alle slags dyr på den –
     og i vindens omskiftelighed,
     og skyerne, underlagt, mellem himlen og jorden,
     er der tegn for et folk
     som bruger deres fatteevne.

164 Nogle mennesker gør ting og sager lig med Allah
     og elsker disse med den kærlighed som er for Allah.
  Men de som er tro, elsker Allah højere.
  Om blot du kunne se de som gør uret
     når de ser straffen
     og ser at al styrke tilhører Allah
     og at Allah er hård når Han straffer.

165 Når de som blev fulgt,
     afsværger de som fulgte,
     og de ser straffen,
     og deres forbindelse kappes,
166   vil de som fulgte sige,
     "Kunne vi blot få en chance til,
     ville vi afsværge dem
     som de har afsværget os."
  Sådan viser Allah dem deres handlinger
     som en kilde til smerte og anger for dem.
  De undslipper aldrig Ilden.

167 Menneskehed! Spis af det på jorden som er tilladt og godt.
Og følg ikke i satanens fodspor.
I virkeligheden er han jeres åbenlyse fjende.

168 Han befaler jer kun at udføre onde og uanstændige handlinger
og at sige om Allah hvad I ikke ved.

169 Når de får at vide: "Følg hvad Allah har sendt ned,"
siger de: "Nej, vi følger det vi fandt vore forfædre gjorde."
Hvad? Når deres forfædre ingenting fattede
og ikke var vejledt!

170 Lignelsen om de som utaknemmeligt tildækker er
en der råber efter noget som ikke hører;
blot et kald og et skrig.
Døve – stumme – blinde.
De fatter det ikke.

171 I som er tro! Spis af de gode ting
som Vi har forsørget jer med
og vær taknemmelige mod Allah hvis I tilbeder Ham alene.

172 Han har kun forbudt jer døde dyr, blod og svinekød
og hvad der er slagtet i andre navne end Allahs.
Men hvis nogen tvinges til at spise det
– uden at ønske det og uden at overdrive –
begår de ingen forbrydelse.
Allah er alt-tilgivende, nådefuld.

173 De som skjuler hvad Allah har sendt ned af Bogen
og sælger det billigt,
fylder ikke deres maver med andet end Ilden.
På Opstandelsens Dag taler Allah ikke til dem
eller renser dem.
En smertefuld straf er deres.

174 Det er dem som har solgt vejledning for vildledning
     og tilgivelse for straf.
     Hvor standhaftig udholder de Ilden?

175 Det er fordi Allah har sendt Bogen ned med Sandheden,
     og de som afveg fra Bogen,
     er forankrede i fjendskab.

176 Lydig hengivelse er ikke at vende jeres ansigter mod øst eller vest.
     Snarere, de som lydigt hengiver sig, er de som tror
          på Allah og Den Sidste Dag, englene, Bogen og profeterne
          og som giver deres ejendom bort
          trods deres kærlighed til den,
          til slægtninge og faderløse og de nødstedte
          og til vejfarende og de som beder om det og for at frikøbe slaver
          og som iværksætter bønnen og betaler zakat;
          de som overholder deres pagter når de indgår dem
          og er standhaftige i fattigdom, sygdom og kamp.
     De er de sandfærdige.
     Det er dem som vogter sig.

177 I som er tro! Gengældelse er pålagt jer
          i tilfælde hvor folk bliver dræbt:
          fri mand for fri mand,
          slave for slave,
          kvinde for kvinde.
     Men hvis nogen bliver tilgivet af sin broder,
          skal blodpenge kræves med sømmelighed
          og betales med god vilje.
     Det er en lettelse fra jeres Herre, og en nåde.
     Enhver som overskrider grænserne efter dette;
          en smertefuld straf er deres.
178 Der er liv for jer i gengældelse – folk med forstand –
          for at I må vogte jer.

179 Det er jer påbudt,
      når døden nærmer sig en af jer
      og han har gods at efterlade sig,
      at lave et testamente som tilgodeser hans forældre og slægtninge
      som det er sømmeligt;
      en pligt for de som vogter sig.

180 Hvis nogen fordrejer det efter at have hørt det,
      påhviler skylden den som fordrejer det.
    Allah er alhørende, alvidende.

181 Men hvis nogen frygter partiskhed og forkert handling
      fra den som udformer testamentet
      og så bringer orden i sagerne mellem dem,
      har han ikke begået nogen forbrydelse.
    Allah er alt-tilgivende, nådefuld.

182 I som er tro! Faste er jer påbudt
      som det blev påbudt de som var før jer
      – for at I må vogte jer –
183   et fastsat antal dage.
    Men hvis nogen af jer er syge, eller er ude at rejse,
      så et antal andre dage.
    For de som evner det;
      deres godtgørelse er at give de nødstedte mad.
    Og hvis nogen frivilligt handler skønt,
      er det bedre for ham.
    Men at I faster, er bedre for jer,
      om blot I vidste det.

184 Ramadan er måneden hvori Qur'an blev sendt ned
      som en vejledning til menneskeheden
      med beviser som forklarer vejledningen og sondringen.
    Alle fastboende skal faste i denne måned,
      og enhver af jer som er syge eller ude at rejse;
      et antal andre dage.

Allah ønsker at gøre tingene nemme for jer;
    Han ønsker ikke at gøre dem svære for jer.
I skal gennemføre antallet af dage
    og hylde Allahs storhed
    for den vejledning Han har givet jer,
    og for at I må være taknemmelige.

185 Når Mine slaver spørger dig om Mig: Jeg er nær.
    Jeg besvarer den kaldendes kald når han kalder på Mig.
    De skal derfor svare Mig og tro på Mig
        for at de må tage den rigtige vej.

186 I fastens nætter er det tilladt jer
        at have samleje med jeres kvinder.
    De er jeres klæder, og I er deres klæder.
    Allah ved at I har forrådt jer selv,
        og Han har vendt Sig mod jer og undskyldt jer.
    Så nu, lig hud mod hud,
        og søg hvad Allah har skrevet for jer.
    Spis og drik til I tydeligt kan skelne
        den hvide tråd fra den sorte tråd i morgengryet
        og fuldfør så fasten indtil nattens komme.
    Men lig ikke hud mod hud med dem
        når I har trukket jer tilbage i moskéerne.
    Dette er Allahs grænser, så kom dem ikke nær.
    Sådan gør Allah Sine tegn åbenlyse for folk
        for at de må vogte sig.

187 Tilran jer ikke andre menneskers ejendom ved falskhed
        og tilbyd den ikke til dommerne som bestikkelse
        for, ved forbrydelse, med vilje at tilegne jer
        andre menneskers ejendom.

188 De spørger dig om nymånerne.
    Sig, "De er de faste tider for menneskeheden og for hajj."

Det er ikke lydig hengivelse at træde ind i husene fra bagsiden.
Snarere, lydig hengivelse tilkommer de som vogter sig.
Så kom til husene igennem deres døre, og vogt jer for Allah
for at I må få succes.

189 Kæmp på Allahs Vej imod de som bekæmper jer,
men overskrid ikke grænserne.
Allah elsker ikke de som overskrider grænserne.

190 Dræb dem hvor I end støder på dem,
og fordriv dem fra de steder hvorfra de fordrev jer.
Forfølgelse er værre end drab.
Bekæmp dem ikke inde i Den Hellige Moské
før de bekæmper jer der.
Men hvis de bekæmper jer der, så dræb dem.
Sådan tilbagebetales de som utaknemmeligt tildækker.

191 Men hvis de holder inde, er Allah alt-tilgivende, nådefuld.

192 Bekæmp dem til der ikke er mere forfølgelse,
og livstransaktionen kun er for Allah.
Men hvis de holder inde, må der ikke være fjendskab
mod andre end de som gør uret.

193 Hellig måned som erstatning for hellig måned
– hellige ting gengældes.
Så hvis nogen overskrider grænserne imod jer,
overskrid dem i samme grad imod ham som han gjorde imod jer.
Men vogt jer for Allah.
Vid at Allah er med de som vogter sig.

194 Giv ud på Allahs Vej.
Kast ikke jer selv i ødelæggelse.
Og handel skønt: Allah elsker de som handler skønt.

195 Drag på hajj og den mindre valfart for Allah.
Hvis I forhindres, gør et offer
– indenfor jeres evner.
Men barber ikke jeres hoveder før offerdyret
er nået til offerstedet.
Hvis nogen af jer er syge, eller har sår i hovedet, er erstatningen
faste eller gaver til de fattige eller ofring.
Så, når I er trygge og raske,
skal enhver som gennemfører den mindre valfart før hajj,
ofre hvad han har råd til.
For de som ikke kan, er der tre dages faste under selve hajj,
og syv når I vender tilbage – det er ti i alt.
Det gælder for de hvis familier ikke bor tæt på
Den Hellige Moské.
Vogt jer for Allah og vid
at Allahs gengældelse er hård.

196 Hajj finder sted i visse velkendte måneder.
Hvis nogen af jer påtager jer hajjs forpligtelser i disse,
må der ikke være samleje, ingen forkerte handlinger,
ej heller skænderier under hajj.
Hvad I end gør af godt; Allah ved det.
Medbring forsyninger;
men den bedste forsyning
er at vogte sig.
Så vogt jer for Mig, folk med forstand!

197 Det er ikke forkert at søge jeres Herres overflod.
Når I haster frem fra 'Arafat,
ihukom Allah ved det hellige landmærke.*
Ihukom Ham fordi Han har vejledt jer
selv om I før var vildfarne.

---

* Hentyder til Muzdalifa, et område mellem 'Arafat og Mina som indgår i riterne
under hajj.

198 Så hast videre, derfra hvor folket haster videre,
og søg Allahs tilgivelse.
Allah er alt-tilgivende, nådefuld.

199 Når I har fuldført jeres riter, ihukom Allah
som I plejede at ihukomme jeres forfædre,
eller ihukom Ham endnu mere.

Der er folk som siger,
"Vor Herre, giv os godt i det lavere."
De har ikke nogen god del i det endelige.
Og der er andre som siger,
"Vor Herre, giv os godt i det lavere
og godt i det endelige,
og vogt os mod Ildens straf."

200 De modtager en god del af hvad de har optjent.
Allah er hurtig til at afregne.

201 Ihukom Allah på de fastsatte dage.
De som skynder sig videre efter to dage, har ikke gjort noget forkert,
og de som bliver længere, har ikke gjort noget forkert
– de af dem som vogter sig;
så vogt jer for Allah,
og vid at I bliver samlet hos Ham.

202 Blandt menneskene er der en
hvis ord om det lavere liv vækker din beundring,
og han kalder Allah som vidne på hvad der er i hans hjerte
selv om han er den mest fjendtlige modstander.

203 Når han forlader dig, haster han rundt på jorden og skaber uorden
og ødelægger afgrøder og dyr.
Allah elsker ikke uorden.

204 Når der bliver sagt til ham: "Vogt dig for Allah,"
gribes han af stolthed
som driver ham til forkerte handlinger.
Helvedet er nok for ham.
Hvilket ondt hvilested!

205 Og blandt menneskene er der en som sælger sit eget Selv
for at søge Allahs tilfredshed.
Allah er meget blid ved Sine slaver.

206 I som er tro! Træd helt ind i islam.
Følg ikke i satanens fodspor.
I virkeligheden er han er jeres åbenlyse fjende.

207 Hvis I fejler, efter at de klare beviser er kommet til jer,
vid at Allah er almægtig, alvis.

208 Hvad venter de på, andet end at Allah skal komme til dem
i skyernes skygger sammen med englene
og dermed afgøre sagen?
Alle sager sendes tilbage til Allah.

209 Spørg Isra'ils stamme om hvor mange åbenlyse tegn Vi gav dem.
Hvis nogen forvrænger Allahs nåde efter de har modtaget den,
er Allahs gengældelse hård.

210 For de som utaknemmeligt tildækker,
er det lavere liv forskønnet,
og de ler ad de som er tro.
Men på Opstandelsens Dag
vil de som vogter sig, være hævet over dem.
Allah forsørger hvem Han end vil uden regnskab.

211   Menneskeheden var ét samfund.
Så sendte Allah profeterne
    som gav gode nyheder og advarsel,
    og med dem sendte Han Bogen ned med sandheden
    for at dømme mellem folk i deres uenigheder.
Kun de som modtog den blev uenige om den
    – efter at de klare beviser var kommet til dem –
    på grund af gensidig misundelse.
Så vejledte Allah de som var tro
    til sandheden om den sag de var uenige om
    – med Sin tilladelse.
Allah vejleder hvem Han end vil til en lige vej.

212   Eller forestiller I jer at I træder ind i Haven
    når I endnu ikke er blevet udsat for det
    som de, der var før jer, blev udsat for?
Fattigdom og sygdom ramte dem,
    og de blev rystet i en sådan grad
    at Sendebudet og de som var tro med ham sagde:
    "Hvornår kommer Allahs hjælp?"
Vær sikker på at Allahs hjælp er nær.

213   De spørger dig hvad de skal give ud.
Sig, "Alt godt I giver ud, skal skænkes til
    jeres forældre og slægtninge
    og til faderløse og de nødstedte og rejsende."
Hvad I end gør af godt; Allah ved det.

214   Kamp er jer påbudt selv om I hader det.
Måske hader I noget som er godt for jer,
    og måske elsker I noget som er dårligt for jer.
Allah ved, og I ved ikke.

215   De spørger dig om kamp i den hellige måned.
        Sig: "Kamp i den er en alvorlig sag;
            men at spærre adgangen til Allahs Vej
            – og fornægte Ham –
            og til Den Hellige Moské
            og drive Hans folk ud af den,
            er langt mere alvorligt hos Allah.
        Forfølgelse er værre end drab."

      De holder ikke op med at bekæmpe jer
            før de har fået jer til at vende jer fra jeres livstransaktion
            hvis de magter det.
      Hvad angår de af jer som vender sig fra sin livstransaktion
            og dør mens han utaknemmeligt tildækker;
            deres handlinger bliver til intet
            i det lavere og det endelige.
      De er Ildens beboere,
            de forbliver der i tidløs evighed.

216   De som er tro,
            og de som udvandrer og kæmper på Allahs Vej;
            for dem er der håb om Allahs nåde.
      Allah er alt-tilgivende, nådefuld.

217   De spørger dig om alkoholiske drikke og spil.
        Sig: "I begge dele er der megen skade
            og en vis gavn for mennesket.
      Men deres skade opvejer deres gavn."

      De spørger dig hvad de skal give ud.
        Sig: "Hvad end er overkommeligt."
      Sådan gør Allah tegnene åbenlyse for jer
            for at I må overveje
218   det lavere og det endelige.

De spørger dig angående de faderløse.
Sig: "At holde orden i deres sager er bedst."
Hvis I blander jeres med deres, er de jeres brødre.
Allah kender en ødsel forbruger fra en forvalter.
Havde Allah villet det, kunne Han havde været hård imod jer.
Allah er almægtig, alvis.

219 Gift jer ikke med kvinder som tilskriver Allah partnere før de tror.
En slavinde som tror, er bedre
  end en kvinde som tilskriver Allah partnere,
  selv om I finder hende tiltrækkende.
Og gift jer ikke med mænd som tilskriver Allah partnere før de tror.
En slave som tror, er bedre
  end en mand som tilskriver Allah partnere,
  selv om I finder ham tiltrækkende.
Sådanne mennesker kalder til Ilden.
Hvorimod Allah kalder til Haven
  og til tilgivelse, med Sin tilladelse.
Han gør Sine tegn åbenlyse for menneskene
  for at de må bringe sig selv til at huske.

220 De spørger dig angående menstruation.
Sig, "Det er ikke en ren tilstand,
  så hold jer borte fra kvinder under menstruationen
  og gå dem ikke nær
  før de er rene.
Men når de har renset sig,
  så gå til dem som Allah har befalet jer."
Allah elsker de som vender sig fra forkerte handlinger,
  og Han elsker de som renser sig.
221 Jeres kvinder er frugtbare marker for jer,
  så kom til jeres frugtbare marker som I måtte ønske.

Og send godt i forvejen for jer selv,
    og vogt jer for Allah.
Vid at I møder Ham.
Og giv gode nyheder til de som er tro.

222 Gør ikke, ved jeres eder, Allah til en undskyldning
    for at undgå at handle godt og at vogte jer
    og at bringe orden i sagerne mellem folk.
Allah er alhørende, alvidende.

223 Allah drager jer ikke til ansvar
    for de uovervejede eder I gør,
    men Han drager jer til ansvar
    for jeres hjerters hensigt.
Allah er alt-tilgivende, overbærende.

224 De af jer som sværger at afholde jer
    fra samleje med jeres hustruer,
    må afholde sig i fire måneder.
    Hvis de så trækker deres ed tilbage,
    er Allah alt-tilgivende, nådefuld.

225 Hvis de fastholder skilsmissen,
    er Allah alhørende, alvidende.

226 Fraskilte kvinder skal holde sig for sig selv
    i tre perioder mellem menses;
    det er dem ikke tilladt at skjule
    hvad Allah har skabt i deres skød
    hvis de tror på Allah og Den Sidste Dag.
Deres mænd har mere ret til at tage dem tilbage inden for det tidsrum
    hvis de ønsker forsoning.
Kvinder har samme rettigheder som de der øves over dem;
    at blive æret med sømmelighed,
    men mænd har en grad over dem.
Allah er almægtig, alvis.

227 Skilsmisse erklæres to gange;
 enten bibeholdes hustruen
 – på en sømmelig måde –
 eller slippes med god vilje.
Det er jer ikke tilladt at tage noget I har givet dem,
 medmindre de to frygter at de ikke kan overholde Allahs grænser.
Hvis I frygter at de ikke kan overholde Allahs grænser,
 er det ikke forkert af dem
 hvis kvinden frikøber sig.
Dette er Allahs grænser, så overskrid dem ikke.
De som overskrider Allahs grænser, det er dem som gør uret.
228 Men hvis han lader sig skille fra hende,
 er hun ikke tilladt for ham
 før hun har været gift med en anden mand.
Hvis denne så skiller sig fra hende,
 er det ikke forkert af dem at finde sammen igen
 så længe de mener de kan overholde Allahs grænser.
Dette er Allahs grænser
 som Han har forklaret
 for folk med viden.

229 Når I skiller jer fra kvinder,
 og de når afslutningen på deres venteperiode,
 skal I enten bibeholde dem
 – på en sømmelig måde –
 eller lade dem gå
 – på en sømmelig måde.
Tilbagehold dem ikke med magt for således at overskride grænserne.
Enhver som gør det, har gjort sig selv uret.
Latterliggør ikke Allahs tegn.
Husk Allahs nåde mod jer, og Bogen og visdommen
 som Han har sendt ned til jer for at formane jer.
Vogt jer for Allah
 og vid at Allah har viden om alting.

230 Når I skiller jer fra kvinder, og deres venteperiode ender,
    må I ikke forhindre dem i at gifte sig med deres foregående mænd
    hvis de gensidigt er blevet enige derom på en sømmelig måde.
    Det er en formaning til jer
        som tror på Allah og Den Sidste Dag.
    Det er bedre og renere for jer.
        Allah ved, og I ved ikke.

231 Mødre ammer deres børn i to hele år
    – hvis de ønsker at gennemføre amningen.
    Det er faderens pligt at forsørge og påklæde dem
    – på en sømmelig måde.
    Intet Selv pålægges mere end det kan bære.
    En moder må ikke udsættes for pres angående sit barn,
        ej heller nogen fader angående sit barn.
    Samme pligt gælder for arvingen.
    Hvis parret vælger fravænning
        efter gensidig overenskomst og rådslagning,
        er det ikke forkert.
    Hvis I ønsker at finde ammer til jeres børn,
        er det ikke forkert
        så længe I betaler dem hvad I har aftalt at betale
        – på en sømmelig måde.
    Vogt jer for Allah og vid at Allah ser hvad I gør.

232 De af jer som dør og efterlader hustruer:
    De skal holde sig for sig selv
        i fire måneder og ti dage.
    Når deres venteperiode ender,
        har I ikke gjort noget forkert
        i forhold til hvad de gør med sig selv
        – på en sømmelig måde.
    Allah er fuldt ud bevidst om hvad I gør.

233 Og det er ikke forkert af jer hvis I antyder
overfor kvinder at I ønsker at ægte dem
og heller ikke at holde jeres ønske derom for jer selv.
Allah ved at I vil huske dem.
Træf ingen aftaler med dem i hemmelighed,
men tal på en sømmelig måde.
Og bind ikke ægteskabets bånd
før den foreskrevne periode er afsluttet.
Vid, at Allah ved hvad der er i jer selv,
så tag jer i agt for Ham!
Og vid at Allah er alt-tilgivende, overbærende.

234 Det er ikke forkert at skille jer fra kvinder
før I har rørt dem
eller har skænket dem en brudegave.
Men giv dem en gave
– den som er rig, hvad han formår,
og den som er fattig, hvad han formår –
en gave som skal gives på en sømmelig måde;
en pligt for alle som handler skønt.

235 Hvis I skiller jer fra dem før I har rørt dem,
men allerede har skænket dem en brudegave,
skal de beholde halvdelen af det I har skænket dem,
medmindre de frasiger sig den,
eller den som har ansvaret for ægteskabskontrakten frasiger sig den.
At frasige sig den er nærmere på at vogte sig.
Glem ikke at vise hinanden gavmildhed.
Allah ser hvad I gør.

236 Værn om bønnerne – navnlig den midterste bøn.
Stå i lydighed foran Allah.

237 Hvis I ængstes, udfør bønnen til fods eller opsadlet.
Når I så atter er i sikkerhed,
ihukom Allah som Han har lært jer
selv om I før var uvidende.

238 De af jer som dør og efterlader hustruer,
skal efterlade deres hustruer med et års underhold,
uden at de behøver forlade hjemmet.
Men hvis de forlader hjemmet, er der intet galt med jer
angående hvad de gør med sig selv
på en sømmelig måde.
Allah er almægtig, alvis.

239 Fraskilte kvinder skal modtage underhold
givet på en sømmelig måde:
En pligt for alle som vogter sig.
240 Sådan gør Allah Sine tegn åbenlyse for jer
for at I må bruge jeres fatteevne.

241 Hvad tænker du om de som flygtede fra deres hjem i tusindvis
af frygt for døden?
Allah sagde til dem: "Dø!" og bragte dem så tilbage til livet.
Allah viser menneskeheden stor overflod,
men flertallet af mennesker er ikke taknemmelige.

242 Kæmp på Allahs Vej.
Vid at Allah er alhørende, alvidende.

243 Er der nogen som vil give Allah et gavmildt lån
så at Han må mangedoble det for ham?
Allah både mindsker og øger.
Og I sendes tilbage til Ham.

244 Hvad tænker du om rådslagningen i Isra'ils stamme
efter Musas tid
da de sagde til en af deres profeter, "Udnævn os en konge,
så vil vi kæmpe på Allahs Vej!"?
Han sagde, "Er det ikke muligt, hvis kamp bliver jer påbudt,
at I ikke vil gå ud og kæmpe?"
De sagde: "Hvordan kan vi ikke ville kæmpe på Allahs Vej,
når vi er blevet drevet fra vore hjem og børn?"
Men da kamp blev dem påbudt,
vendte de ryggen til – undtagen ganske få af dem.
Allah kender de som gør uret.

245 Deres profet sagde til dem:
"Allah har udnævnt Talut som jeres konge."
De sagde, "Hvordan kan han have kongedømme over os,
når vi har mere ret til kongedømme end ham?
Han er ikke engang blevet skænket megen rigdom!"
Han sagde: "Allah har valgt ham frem for jer
og forsynet ham med en overflod af viden og fysisk styrke.
Allah giver Sit kongedømme til hvem Han end vil.
Allah er alt-omsluttende, alvidende."

246 Og deres profet sagde til dem,
"Tegnet på hans kongedømme er at Arken vil komme til jer
hvori der vil være hjertefred fra jeres Herre
og visse relikvier som blev efterladt af Musas og Haruns familier
– båret af engle.
Der er et tegn for jer i det, hvis I er tro."

247 Da Talut drog ud med sin hær, sagde han,
"Allah vil prøve jer med en flod.
Enhver som drikker af den, er ikke med mig.
Men enhver som ikke smager den, er med mig
– undtagen ham som kun tager en håndfuld."
Men de drak af den – undtagen ganske få af dem.

Da han, og de som var tro sammen med ham, havde krydset den,
     sagde de: "Vi har ikke styrke
     til at stå imod Jalut og hans hær i dag."
Men de som var sikre på at de skulle møde Allah,
     sagde, "Hvor mangen en lille styrke har ikke overvundet
     en langt større styrke, med Allahs tilladelse?"
Allah er med de standhaftige.

248 Da de mødte Jalut og hans hær,
     sagde de: "Vor Herre, skænk os standhaftighed,
     og gør vores fodfæste sikkert
     og hjælp os imod folket som utaknemmeligt tildækker,"
249   og med Allahs tilladelse drev de dem på flugt.
Dawud dræbte Jalut,
     og Allah gav ham kongedømme og visdom
     og lærte ham hvad Han end ville.
Var det ikke fordi Allah drev nogle folk tilbage med andre,
     ville verden havde været bragt i uorden.
Men Allah har overflod til alle væsnerne.

250 Dette er Allahs tegn som Vi reciterer til dig med sandheden.
Du er i sandhed et af sendebudene.

251 Disse sendebude: Vi begunstigede visse over andre.
Allah talte direkte til nogle af dem
     og hævede nogle i rang.
Vi gav klare beviser til 'Isa, Maryams søn,
     og styrkede ham med Renhedens Ånd.
Havde Allah ønsket det, ville de som kom efter dem
     ikke have bekæmpet hinanden
     efter de klare beviser kom til dem,
     men de blev uenige.

Blandt dem er der de som er tro,
   og blandt dem er der de som utaknemmeligt tildækker.
Hvis Allah havde ønsket det, havde de ikke bekæmpet hinanden.
Men Allah gør hvad Han end vil.

252   I som er tro! Giv ud
   af det som Vi har forsørget jer med
   før der kommer en Dag
   hvor der ikke er handel,
   intet tæt venskab
   og ingen forbøn.
De som utaknemmeligt tildækker; det er dem som gør uret.

253   Allah,
   ingen gud, kun Ham,
   Den Levende, Den Alt-Opretholdende.
254   Hverken døsighed eller søvn berører Ham.
Han ejer alt i himlene og alt på jorden.
Hvem kan gå i forbøn hos Ham, undtagen med Hans tilladelse?
Han ved hvad der er foran dem og hvad der er bag dem,
   men de begriber intet af Hans viden, kun hvad Han vil.
Hans fodskammel omslutter himlene og jorden,
   og deres opretholdelse trætter Ham ikke.
Han er Den Ophøjede, Den Umådelige.

255   Ingen må tvinges til livstransaktionen.
De er nu klart adskilt; den rigtige vej og den afvigende.
Enhver som forkaster afguder og tror på Allah,
   har grebet det sikre håndtag
   som aldrig giver efter.
Allah er alhørende, alvidende.

256 Allah beskytter de som er tro.
Han bringer dem ud af formørkelserne og ind i lyset.
Men de som utaknemmeligt tildækker,
    har afguder som deres beskyttere.
De bringer dem ud af lyset og ind i formørkelserne.
De er Ildens beboere;
    de forbliver der i tidløs evighed.

257 Hvad med ham som skændtes med Ibrahim om hans Herre
        fordi Allah havde skænket ham kongedømme,
        da Ibrahim sagde: "Min Herre er Ham som giver liv og forårsager
død."
Han sagde: "Jeg giver liv og forårsager død."
Ibrahim sagde: "Allah bringer solen op i øst.
Bring den op i vest."
Og ham som utaknemmeligt tildækkede, blev mundlam.
Allah vejleder ikke folk som gør uret.

258 Eller ham som gik forbi en landsby i ruiner?
Han sagde: "Hvordan kan Allah få denne til at leve,
    efter dens død?"
Allah forårsagede hans død i hundrede år
    og bragte ham så tilbage til livet.
Så sagde Han, "Hvor lang tid har du været her?"
Han sagde, "Jeg har været her en dag eller en del af en dag."
Han sagde, "Usandt! Du har været her i hundrede år.
Se på din mad og din drikke – de er ikke fordærvet –
    og se på dit æsel.
Så Vi kan gøre dig til et tegn for hele menneskeheden,
    se på knoglerne
    – hvordan Vi giver dem liv og iklæder dem kød."
Da det stod ham klart, sagde han,
    "Nu ved jeg at Allah har magt over alting."

259 Da Ibrahim sagde: "Herre, vis mig
hvordan du bringer de døde til live,"
sagde Han, "Tror du ikke?"
Han sagde: "Jo, bestemt!
Men blot for at mit hjerte må finde hvile."
Han sagde, "Tag fire fugle og væn dem til dig.
Læg stykker af dem op på hver sit bjerg og kald så på dem;
de kommer flyvende til dig.
Vid at Allah er almægtig, alvis."

260 Lignelsen om de som giver deres rigdom ud
på Allahs Vej, er
et korn som giver syv aks,
i hvert aks er der hundrede korn.
Allah giver en sådan mangfoldiggørelse til hvem Han end vil.
Allah er alt-omsluttende, alvidende.

261 De som giver ud af deres rigdom på Allahs Vej
og ikke følger det de har givet
op med krav om taknemmelighed og fornærmende ord,
har deres løn hos deres Herre.
De hverken ængstes eller sørger.

262 Sømmelige ord og tilgivelse
er bedre end gaver til de fattige
som følges af fornærmende ord.
Allah er uden behov, overbærende.

263 I som er tro! Gør ikke jeres gaver til de fattige værdiløse
med krav om taknemmelighed og fornærmende ord,
lig den som giver sin rigdom ud for at vise sig for folk
uden at tro på Allah og Den Sidste Dag.

Han er som en glat klippe dækket af jord;
　　når stærk regn rammer den, efterlades den nøgen.
De har ingen magt over noget af hvad de har optjent.
Allah vejleder ikke folk som utaknemmeligt tildækker.

264　Lignelsen om de som bruger deres rigdom
　　　på at søge Allahs tilfredshed og forankring af dem selv, er
　　　en have på et bakkedrag
　　　som, når stærk regn rammer den, fordobler sit udkomme,
　　　og hvis stærk regn ikke rammer, er der dug.
　　Allah ser hvad I gør.

265　Ønsker nogen af jer at eje en have med dadelpalmer og druer
　　　　hvorunder floder strømmer
　　　　og med al slags frugt,
　　　　for så at bliver ramt af alderdom
　　　　og have svage børn
　　　　hvorpå den rammes af en voldsom hvirvelstorm af ild
　　　　så den brænder op?
　　Sådan gør Allah tegnene åbenlyse for jer
　　　　for at I må tænke.

266　I som er tro! Giv ud
　　　　af de gode ting I har optjent
　　　　og som Vi har ydet jer fra jorden
　　　　og vælg ikke at give det dårlige deraf
　　　　som I kun selv ville modtage med øjnene lukket.
　　Vid at Allah er uden behov, prisværdig.

267　Satanen lover jer fattigdom og befaler jer nærighed.
　　Allah lover jer Sin tilgivelse og overflod.
　　Allah er alt-omsluttende, alvidende.

268 Han giver visdom til hvem Han end vil,
og den som er givet visdom
er blevet givet meget godt.
Men ingen bringer sig selv til at huske,
undtagen folk med forstand.

269 Uanset hvad I giver ud eller hvilket løfte I aflægger;
Allah ved det.
De som gør uret, har ingen hjælpere.

270 Hvis I giver jeres gaver til de fattige offentligt, er det godt.
Men hvis I skjuler dem og giver dem til de fattige,
er det bedre for jer,
og Vi sletter jeres usle handlinger.
Allah er fuldt ud bevidst om hvad I gør.

271 Du er ikke ansvarlig for deres vejledning,
men Allah vejleder hvem Han end vil.
Alt godt I giver ud, er til jeres Selv,
når I giver af begær efter Allahs Ansigt.
Det gode I giver ud bliver jer tilbagebetalt til fulde.
I gøres ikke uret.

272 Det er til de fattige som holdes tilbage fra Allahs Vej
uden midler til at rejse omkring i landet.
De uvidende tror dem uden behov på grund af deres forbeholdenhed.
I genkender dem på deres mærke;
hvis de spørger, er de ikke pågående.
Hvad godt I end giver ud; Allah ved det.

273 De som giver deres rigdom bort
om natten og om dagen,
hemmeligt og offentligt,
har deres løn hos deres Herre.
De hverken ængstes eller sørger.

274 De som ernærer sig af åger, står ikke op af graven,
  undtagen som en drevet til vanvid af satanens berøring.
Det er fordi de siger, "Handel er det samme som åger."
Men Allah har tilladt handel og forbudt åger.
Hvem end som får en irettesættelse fra sin Herre og ophører dermed,
  kan beholde hvad han har tjent indtil da
  – og hans sag er Allahs anliggende.
Men alle som vender tilbage til det, er Ildens beboere
  og forbliver der i tidløs evighed.

275 Allah udsletter åger og lader gaver til de fattige gro!
Allah elsker ikke dem som
  med vedholdende utaknemmelighed
  handler forkert.

276 De som er tro og handler ret
  og iværksætter bønnen og betaler zakat,
  har deres løn hos deres Herre.
De hverken ængstes eller sørger.

277 I som er tro! Vogt jer for Allah
  og afsværg tilbageværende åger
  hvis I er tro.

278 Hvis I ikke gør det, vid at det betyder krig fra Allah
  og Hans Sendebud.
Men hvis I vender jer fra det, må I beholde jeres kapital,
  uden at I gør uret, og uden at I gøres uret.

279 Hvis nogen er i vanskeligheder,
  skal han gives henstand til byrderne lettes ham.
Men at eftergive gælden som en gave til de fattige er bedre for jer,
  om blot I vidste det.

280 Vogt jer for en Dag hvor I sendes tilbage til Allah.
Hvert et Selv får dets optjening udbetalt til fulde.
De gøres ikke uret.

281 I som er tro! Når I pådrager jer gæld
for en fastsat periode – skriv det ned.
En skriver skal skrive det som er mellem jer med retfærdighed.
Ingen skriver må nægte at skrive;
som Allah har lært ham, sådan skal han skrive.
Den som pådrager sig gælden, skal diktere,
og han skal vogte sig for Allah, hans Herre,
og ikke mindske den på nogen måde.
Hvis personen som pådrager sig gælden, er inkompetent
eller svag eller ikke evner at diktere,
skal hans værge diktere for ham med retfærdighed.
To mænd blandt jer skal være vidner.
Hvis der ikke er to mænd, så en mand og to kvinder,
som I er tilfredse med som vidner;
hvis den ene glemmer, kan den anden påminde hende.
Vidner må ikke nægte når der kaldes på dem.
Tro ikke at det er for småt til at blive nedskrevet,
om det er et lille eller et stort beløb
med datoen hvor det skal gives tilbage.
At gøre sådan er mest retfærdigt hos Allah
og mere hjælpsomt når man vidner,
og det gør det mere sandsynligt at I ikke vil komme i tvivl
– medmindre det er en handel som foregår med det samme,
fra hånd til hånd, taget og modtaget uden forsinkelse.
Det er ikke forkert ikke at skrive det ned.
Tilkald vidner når I handler.
Hverken skriver eller vidner må udsættes for pres.
Gør I det, afviger I.
Vogt jer for Allah. Allah giver jer viden.
Allah har viden om alting.

282 Hvis I er ude at rejse og ikke kan finde en skriver,
    kan noget betros som garanti.
Hvis I stoler på hinanden,
    skal det som han er betroet, leveres tilbage,
    og han skal vogte sig for Allah, hans Herre.
Skjul ikke et vidneudsagn.
Hvis nogen skjuler det, har hans hjerte begået en forbrydelse.
Allah ved hvad I gør.

283 Allah ejer alt i himlene
    og alt på jorden.
Om I røber hvad der er i jer selv eller holder det skjult,
    Allah drager jer til ansvar for det,
    og Han tilgiver hvem Han end vil,
    og Han straffer hvem Han end vil.
Allah har magt over alting.

284 Sendebudet tror på det som er blevet sendt ned til ham
    fra hans Herre,
    og ligeledes gør de som er tro.
Hver og en af dem tror på Allah og Hans engle
    og Hans Bøger og Hans sendebude.
"Vi gør ikke forskel på Hans sendebude."
De siger: "Vi hører og adlyder.
Vor Herre, tilgiv os,
    Du er rejsens mål."

285 Allah pålægger ikke et Selv
    mere end det kan bære.
For det, er hvad det har optjent,
    imod det, er hvad det har fortjent sig.

"Vor Herre, hold os ikke ansvarlige
    hvis vi er glemsomme eller begår fejl!
Vor Herre, pålæg os ikke en byrde
    som den Du pålagde dem før os.
Vor Herre, pålæg os ikke en byrde,
    vi ikke har styrken til at bære!
Og undskyld os
    og tilgiv os
    og hav nåde med os.
Du er vor Herre
    så hjælp os mod folket som utaknemmeligt tildækker."

3. Sura 'Imrans Familie
Al 'Imran

I Allahs navn, Den Alnådige, Den Nådefulde

---

1   Alif Lam Mim.
    Allah – ingen gud, kun Ham.

    Den Levende, Den Alt-Opretholdende
2   sender Bogen med Sandheden ned til dig
      som bekræfter hvad der var før den:
3   Tidligere sendte Han Tawrah og Injil ned
      som en vejledning til menneskene,
      og Han sendte Sondringen ned.

4   De som tildækker Allahs tegn,
      en hård straf er deres.
    Allah er almægtig, tilbagebetalende.

5   Allah – Ham for hvem intet er skjult
      hverken på jorden eller i himlen.

6   Det er Ham som former jer i mødrenes skød hvordan Han end vil
      – ingen gud, kun Ham,
      Den Almægtige, Den Alvise.

7   Det er Ham som sendte Bogen ned til dig fra Ham:
    Tegn som er entydige domme
    – de er Bogens kerne –
    og andre som er flertydige.
    Hvad angår de med afvigelse i deres hjerter;
    de følger de flertydige af dem
    idet de søger at så splid,
    og de søger dens indre fortolkning.
    Ingen kender dens indre fortolkning, undtagen Allah.
    De som er fast forankrede i viden, siger,
    "Vi tror på den. Det hele er fra vor Herre."
    Men kun folk med forstand bringer sig selv til at huske:

8   "Vor Herre, få ikke vore hjerter til at afvige
    efter at Du har vejledt os.
    Og giv os nåde fra Dig.
    Du er Den Uendeligt Givende.

9   Vor Herre, du er menneskehedens Samler
    til en Dag uden tvivl.
    Allah svigter ikke Sit løfte."

10 De som utaknemmeligt tildækker, deres rigdom og børn
    hjælper dem ikke imod Allah på nogen måde.
    De er brændsel for Ilden

11 som det gik Faraos folk,
    og de som var før dem.
    De fornægtede Vore tegn
    så Allah greb dem for deres forkerte handlinger.
    Allahs gengældelse er hård.

12 Sig til de som utaknemmeligt tildækker:
    "I bliver overvældet og pakket sammen i Helvede.
    Hvilket ondt hvilested!"

13 Der var et tegn for jer i to grupper der mødtes ansigt til ansigt;
    den ene gruppe kæmpede på Allahs Vej,
    og den anden tildækkede.
  I så dem som dobbelt deres antal med jeres egne øjne.
  Allah forstærker hvem Han vil med Sin hjælp.
  Deri er en formaning
    for folk som har indsigt.

14 For mennesker er kærligheden til deres lyster forskønnet:
    Kvinder og børn
    og ophobede bunker af guld og sølv
    og heste med smukke træk
    og kvæg og frugtbare marker
    – det er det lavere livs nydelse.
  Den bedste hjemkomst er hos Allah.

15 Sig: "Skal jeg fortælle jer om noget som er bedre end det?"
  De som vogter sig, har Haver hos deres Herre
    hvorunder floder strømmer
    – de forbliver der i tidløs evighed –
    og ægtefæller af perfekt renhed
    og Allahs tilfredshed.
  Allah ser Sine slaver.

16 De som siger, "Vor Herre, vi er tro
    så tilgiv os vores forkerte handlinger
    og vogt os imod Ildens straf."

17 De standhaftige, de sandfærdige, de lydige, de som giver ud,
    og de som søger tilgivelse før daggry.

18 Allah bevidner: ingen gud, kun Ham!
    – ligeså gør englene og de som har viden –
    og opretholder retfærdigheden.
  Ingen gud, kun Ham,
    Den Almægtige, Den Alvise.

19   Livstransaktionen hos Allah er islam.
De som modtog Bogen, blev kun uenige
    – efter at viden kom til dem –
på grund af gensidig misundelse.
Hvad angår de som utaknemmeligt tildækker Allahs tegn;
    Allah er hurtig til at afregne.

20   Hvis de strides med dig, sig,
    "Jeg har helt underkastet mig Allah
    og ligeså har de som følger mig."
Sig til de som modtog Bogen og til de som ikke har nogen Bog,
    "Har I underkastet jer?"
Hvis de underkaster sig i islam, er de vejledt.
Hvis de vender sig bort,
    er du kun ansvarlig for at overbringe budskabet.
Allah ser Sine slaver.

21   De som utaknemmeligt tildækker Allahs tegn
    og dræber profeterne uden ret
    og dræber de blandt mennesker
    som påbyder retfærdighed;
    giv dem nyheden om en smertefuld straf.

22   Det er dem hvis handlinger bliver til intet
    i det lavere og det endelige.
De har ingen hjælpere.

23   Ser du ikke de som modtog en del af Bogen
    som blev opfordret til at lade Allahs Bog dømme mellem dem?
Men en gruppe af dem vendte sig uvilligt bort.

24   Det er fordi de siger:
    "Ilden vil kun røre os nogle få dage."
Deres opspind har blændet dem i forhold til deres livstransaktion.

25 Men hvordan vil det være, når Vi samler dem sammen
        til en Dag uden tvivl?
   Hvert et Selv får dets optjening udbetalt til fulde.
   De gøres ikke uret.

26 Sig: "O Allah, Ejeren af Kongedømmet!
   Du giver kongedømme til hvem Du vil.
   Du tager kongedømme fra hvem Du vil.
   Du ophøjer hvem Du vil.
   Du nedværdiger hvem Du vil.
   I Din Hånd er det gode.
   Du har magt over alting.

27 Du gør at natten trænger ind på dagen.
   Du gør at dagen trænger ind på natten.
   Du frembringer det levende af det døde.
   Du frembringer det døde af det levende.
   Du forsørger hvem Du vil uden regnskab."

28 De som er tro,
        skal ikke tage de som tildækker som venner
        frem for de som er tro.
   Enhver som gør det
        har intet at gøre med Allah
        – medmindre I gør det fordi I frygter dem.
   Allah advarer jer mod Sig Selv;
        Allah er rejsens mål.

29 Sig: "Om I skjuler hvad der er I jeres bryst,
        eller I røber det,
        Allah ved det.
   Han ved hvad der er i himlene
        og hvad der er på jorden.
   Allah har magt over alting."

30 På Dagen hvor hvert et Selv finder
      det gode det har gjort – synligt foran sig –
      og det onde det har gjort,
      vil det ønske at der er en uendelighed imellem det og den.
    Allah advarer jer mod Sig Selv.
    Allah er meget blid mod Sine slaver.

31 Sig: "Hvis I elsker Allah, så følg mig,
      og Allah vil elske jer og tilgive jer
      jeres forkerte handlinger.
    Allah er alt-tilgivende, nådefuld."

32 Sig: "Adlyd Allah og Sendebudet."
    Hvis de så vender sig bort;
      Allah elsker ikke de som utaknemmeligt tildækker.

33 Allah valgte Adam og Nuh,
      og Ibrahims familie
      og 'Imrans familie
      over alle væsner.
34 De nedstammer fra hinanden.
    Allah er alhørende, alvidende.

35 Husk da 'Imrans hustru sagde,
      "Min Herre, jeg overgiver Dig
      det som er i mit skød
      og afsværger det til Din tjeneste.
    Så modtag det fra mig.
    Du er Den Alhørende, Den Alvidende."

36 Da hun fødte hende, sagde hun:
      "Min Herre! Jeg har født en pige"
      – og Allah ved bedst hvad hun fødte; hankøn er ikke som hunkøn –
      "og jeg navngiver hende Maryam og stiller hende og hendes børn
      under Din beskyttelse imod den forbandede satan."

37   Hendes Herre modtog hende med tilfredshed
         og lod hende vokse op; en god opvækst.
     Og Zakariyya påtog sig ansvaret for hende.
     Hver gang Zakariyya trådte ind til hende i det øvre gemak,*
         fandt han at hun var forsørget med mad.
     Han sagde, "Maryam, hvorfra har du det?"
     Hun svarede: "Det er fra Allah.
     Allah forsørger hvem Han vil uden regnskab."

38   På stedet kaldte Zakariyya på sin Herre og sagde,
         "O Herre, skænk mig godt afkom fra Dit nærvær!
     Du hører bønnen."

39   Englene kaldte til ham
         mens han stod i bøn i det øvre gemak:
     "Allah sender jer gode nyheder om Yahya
         som bekræfter et Ord fra Allah,
         en leder og en kysk mand
         – en profet fra iblandt de som handler ret."

40   Han sagde: "Herre, hvordan kan jeg få en søn,
         når alderdommen har indhentet mig, og min hustru er gold?"
     Han sagde: "Sådan. Allah gør hvad Han end vil."

41   Han sagde, "Herre, giv mig et tegn."
     Han sagde, "Dit tegn er at du ikke taler
         til mennesker i tre dage
         undtagen ved fagter.
     Ihukom din Herre meget
         og herliggør Ham
         efter middag og efter daggry."

---

* I Templet i Jerusalem.

42 Og da englene sagde: "Maryam, Allah vælger dig
og renser dig.
Han vælger dig over alle kvinder i verden.

43 Maryam, adlyd din Herre og bøj dig i støvet
– buk med de som bukker."

44 Det er efterretning fra det usete som Vi åbenbarer for dig:
Du var ikke med dem da de kastede deres skriverør,
for at se hvem af dem der skulle være Maryams værge.
Du var ikke tilstede da de skændtes.

45 Da englene sagde: "Maryam, din Herre
giver dig gode nyheder om et Ord fra Ham.
Hans navn er Den Salvede: 'Isa, Maryams søn,
højt værdsat i det lavere og det endelige
og en af de som bringes nær.

46 Han taler til menneskene fra vuggen
og som fuldvoksen,
og er en af dem som handler ret."

47 Hun sagde, "Herre, hvordan kan jeg få en søn,
når ingen mand har rørt mig?"
Han sagde: "Sådan.
Allah skaber hvad Han end vil.
Når Han beslutter noget,
siger Han blot til det: 'Vær!' så er det."

48 Han lærer ham Bogen og visdom
og Tawrah og Injil
som et sendebud til Isra'ils stamme:
"Jeg har bragt jer et tegn fra jeres Herre.
Af ler skaber jeg en fugls form for jer
og ånder ind i den så den bliver til en fugl,
med Allahs tilladelse.

Jeg helbreder de som er født blinde og de spedalske
   og vækker de døde til live,
   med Allahs tilladelse.
Jeg fortæller jer hvad I spiser
   og hvad I opbevarer i jeres hjem.
Der er et tegn for jer i det hvis I er tro.

49 Jeg bekræfter Tawrah, som var før mig,
   og gør visse ting tilladt for jer
   som tidligere var jer forbudt.
Jeg har bragt jer et tegn fra jeres Herre.
Så vogt jer for Allah og adlyd mig.

50 Allah er min Herre og jeres Herre, så tilbed Ham.
Dette er en lige vej."

51 Da 'Isa fornemmede deres utaknemmelige tildækning,
   sagde han: "Hvem vil være mine hjælpere til Allah?"
Disciplene sagde: "Vi er Allahs hjælpere.
Vi tror på Allah.
Bevidn at vi er muslimer som underkaster os:

52 Vor Herre, vi tror på det Du har sendt ned,
   og vi følger Sendebudet
   så optegn os blandt vidnerne."

53 De lagde en plan, og Allah lagde en plan.*
   Allah er den bedste planlægger.

54 Da Allah sagde: "'Isa, Jeg bringer dig tilbage
   og hæver dig op til Mig
   og renser dig fra de som tildækker.
Jeg sætter de mennesker som følger dig
   over de som utaknemmeligt tildækker, indtil Opstandelsens Dag."

---

* De jøder som afviste 'Isa, fred være med ham.

Så vender I alle tilbage til Mig,
    og så dømmer Jeg imellem jer
    angående det I var uenige om.

55 Hvad angår de som utaknemmeligt tildækker;
    Jeg straffer dem med en hård straf
        i det lavere og i det endelige.
    De har ingen hjælpere.

56 Hvad angår de som er tro og handler ret;
        Vi betaler dem deres løn til fulde.
    Allah elsker ikke de som gør uret.

57 Dette er hvad Vi reciterer til dig
        af tegnene og den vise Ihukommelse.

58 For Allah er 'Isa lig Adam.
    Han skabte ham af jord
        og sagde til ham: "Vær!" så var han.

59 Dette er sandheden fra din Herre
        så vær ikke blandt de som tvivler.

60 Hvis nogen strides med dig om ham,
        efter den viden som kom til dig,
    så sig, "Kom! Lad os samle vores sønner og jeres sønner
    og vores kvinder og jeres kvinder,
    os og jer,
    og så bede en oprigtig bøn
    og kalde Allahs forbandelse ned over de som lyver."

61 Det er den virkelige historie.
    Der er ingen anden gud, kun Allah.
    Allah – Han er Den Almægtige, Den Alvise.

62   Og hvis de vender sig bort;
      Allah ved hvem der skaber uorden.

63   Sig, "Bogens folk! Kom til en overensstemmelse
      mellem os og jer:
   At vi ikke tilbeder noget andet end Allah
      og ikke tilskriver Ham noget som partner,
      og at ingen af os tager andre som herrer ved siden af Allah."
   Hvis de vender sig bort, sig: "Bevidn at vi er muslimer."

64   "Bogens Folk! Hvorfor strides I om Ibrahim,
      når Tawrah og Injil først blev sendt ned efter ham?
   Fatter I det ikke?
65   I er et folk som strides om noget,
      I ved noget om.
   Så hvorfor strides I om noget,
      I ikke ved noget om?
   Allah ved; I ved ikke."

66   Ibrahim var hverken jøde eller kristen,
      men en mand af naturlig tro – en muslim.
   Han var ikke en af de som tilskriver Allah partnere.

67   De folk som har det stærkeste bånd til Ibrahim,
      er de som fulgte ham
      og denne profet,
      og de som er tro.
   For de som er tro, er Allah Den Beskyttende.

68   En gruppe af Bogens Folk
      ville elske det hvis blot de kunne få jer til at fare vild.
   De får kun sig selv til at fare vild,
      men de opfatter det ikke.

69 Bogens Folk! Hvorfor tildækker I Allahs tegn,
når I selv er vidner?

70 Bogens Folk! Hvorfor blander I sandhed med falskhed
og undertrykker sandheden, når I nu ved?

71 En gruppe af Bogens Folk siger,
"Ved dagens start skal I påstå at I tror
på det som blev sendt ned til de som er tro
og ved dagens slutning, skal I fornægte det
så de måske falder tilbage.

72 Stol ikke på nogen medmindre de
følger jeres livstransaktion."
Sig: " Vejledningen er Allahs vejledning.
Fornægt ikke at nogen er blevet givet det samme som jer,
eller at de kan strides med jer foran jeres Herre."
Sig: "Al overflod er i Allahs Hånd,
og Han skænker den til hvem Han end vil.
Allah er alt-omsluttende, alvidende.

73 Men Allah udvælger hvem Han end vil som modtager af Sin nåde.
Allahs overflod er umådelig."

74 Blandt Bogens Folk er der de som
hvis du betror dem en bunke guld,
giver den tilbage til dig.
Men der er andre af dem som
hvis du betror dem en dinar,
ikke giver den tilbage til dig
hvis ikke du hele tiden vogter over dem.
Det er fordi de siger:
"Vi er ikke forpligtet overfor folk som ikke er jøder."
De siger en løgn om Allah, og de ved det.

75 Tværtimod! Hvem end der overholder sin pagt
     og vogter sig;
Allah elsker de som vogter sig.

76 De som sælger deres pagt med Allah
     og deres æresord for en billig pris;
     sådanne mennesker har ingen del i det endelige,
     og Allah hverken taler til dem eller ser på dem
     på Opstandelsens Dag,
     eller renser dem.
En smertefuld straf er deres.

77 Blandt dem er en gruppe som fordrejer Bogen på deres tunger
     så at I tror det er fra Bogen
     selv om det ikke er fra Bogen.
De siger: "Det er fra Allah," men det er ikke fra Allah.
De siger en løgn om Allah, og de ved det.

78 Det tilkommer ikke et menneskevæsen
     at Allah skulle skænke ham Bogen
     og dømmekraft og gøre ham til profet,
     og at han så skulle sige til folk:
"Tilbed mig i stedet for Allah."
Tværtimod: "Vær Herrens vidende folk
     på grund af jeres kendskab til Bogen
     og fordi I studerer."

79 Han ville aldrig befale jer at tage
     englene og profeterne til Herrer.
Ville Han befale jer utaknemmeligt at tildække
     efter at I har underkastet jer som muslimer?

80 Husk da Allah fastlagde profeternes pagt på deres æresord:
"Nu hvor Vi har givet jer del i Bogen og visdom,
og der så kommer et sendebud til jer
som bekræfter hvad der er hos jer,
skal I tro ham og hjælpe ham."
Han sagde: "Er I enige, og påtager I jer Min byrde
på den betingelse?"
De svarede: "Vi er enige."
Han sagde: "Bevidn dette,
Jeg er med jer som et af vidnerne."

81 Så de som vender sig bort efter dette;
de er afvigerne.

82 Begærer I en anden livstransaktion end Allahs
når alt i himlene og på jorden,
frivilligt eller ufrivilligt,
underkaster sig Ham,
og I sendes tilbage til Ham?

83 Sig: "Vi tror på Allah
og på det som er sendt ned til os
og det som blev sendt ned til Ibrahim
og Isma'il og Ishaq
og Ya'qub og stammerne
og det som blev givet til Musa og 'Isa
og profeterne af deres Herre.
Vi gør ikke forskel på nogen af dem.
Vi er muslimer, underkastet Ham."

84 Enhver som begærer en anden livstransaktion end islam,
han får den ikke godkendt,
og i det endelige er han blandt taberne.

85 Hvordan kan Allah vejlede et folk
   som tildækker efter de var tro
   som vidnede om Sendebudets ægthed,
   og de klare beviser kom til dem?
   Allah vejleder ikke folk som gør uret.

86 Konsekvensen for dem er at Allahs forbandelse
   og englenes og hele menneskehedens er over dem,
87   i tidløs evighed.
   Deres straf lettes ikke.
   De får ingen udsættelse.
88 Undtagen de som derefter vender om
   og bringer orden i sagerne,
   for i sandhed, Allah er alt-tilgivende, nådefuld.

89 De som, efter at have været tro, utaknemmeligt tildækker
   og så forøger deres tildækning;
   det godtages ikke at de vender om.
   Det er dem som er vildfarne.

90 De som utaknemmeligt tildækker og dør mens de tildækker;
   jordens omfang i guld
   bliver ikke modtaget fra en eneste af dem
   selv om han prøver at frikøbe sig dermed.
   En smertefuld straf er deres.
   De har ingen hjælpere.

91 I evner ikke lydig hengivelse
   før I giver ud af det I elsker.

92 Hvad I end giver ud, Allah ved det.

93 Al føde var tilladt for Isra'ils stamme,
     undtagen hvad Isra'il forbød sig selv
     før Tawrah blev sendt ned.
   Sig: "Tag Tawrah og læs den højt
     hvis I er sandfærdige."

94 Så de som efter dette finder på en løgn om Allah;
     de gør uret.

95 Sig: "Allah siger sandheden
     så følg alle Ibrahims levevis,
     en mand af naturlig tro.
   Han var ikke en af de som tilskriver Allah partnere."

96 Det første Hus som blev bygget til menneskeheden var det ved Bakka,*
     et nådens og vejledningens sted for alle væsnerne.

97 I det er der åbenlyse tegn – Ibrahims stade.
   Alle som træder derind, er i sikkerhed.
   Hajj til Huset er en pligt for menneskeheden
     – for de af dem som finder midlerne til rejsen.
   Men hvis nogen utaknemmeligt tildækker,
     er Allah uden behov for noget væsen.

98 Sig: "Bogens Folk, hvorfor tildækker I Allahs tegn,
     når Allah er et vidne til alt hvad I gør?"

99 Sig: "Bogens Folk,
     hvorfor spærrer I Allahs Vej for de som er tro
     og ønsker den krum
     når I selv er vidner til den?"
   Allah er ikke ubevidst om hvad I gør.

---

* Et ældre ord for Makka

100   I som er tro! Hvis I adlyder en gruppe af de som modtog Bogen,
      får de jer til at tildække
      efter I var tro.

101   Hvordan kan I utaknemmeligt tildække,
      når Allahs tegn reciteres for jer,
      og Sendebudet er blandt jer?
      Hvem end som holder fast i Allah,
      er ledt til en lige vej.

102   I som er tro! Vogt jer for Allah
      med den vagtsomhed som tilkommer Ham
      og dø ikke undtagen som muslimer.
      Hold fast i Allahs reb, alle sammen,
      og split jer ikke op.
      Husk Allahs nåde mod jer da I var fjender,
      og han føjede jeres hjerter sammen
      så I blev brødre ved Hans nåde.
      I var på den yderste rand af Ildens afgrund,
      og Han frelste jer fra den.
      Sådan gør Allah Sine tegn åbenlyse for jer
      for at I må vejledes.

104   Lad der være et samfund af jer
      som kalder til det bedste
      og påbyder godhed
      og forbyder ondskab.
      Det er dem som har succes.

105   Vær ikke som de der splittede sig op og blev uenige
      efter de klare beviser kom til dem.

Det er dem som har en umådelig straf
106   på Dagen hvor nogle ansigter lyser,
og andre ansigter formørkes.
Hvad angår de hvis ansigter formørkes:
"Tildækkede I efter I var tro?
Smag straffen for jeres tildækning!"
107   Hvad angår de hvis ansigter lyser,
de er i Allahs nåde,
de forbliver der i tidløs evighed.

108   Dette er Allahs tegn som Vi reciterer for dig med sandhed.
Allah ønsker ingen uret imod noget væsen.

109   Allah ejer alt i himlene
og alt på jorden.
Alle sager sendes tilbage til Allah.

110   I er det bedste samfund der nogensinde er skabt til menneskeheden:
I påbyder godhed,
og I forbyder ondskab,
og I tror på Allah.
Hvis Bogens Folk var tro, var det bedre for dem.
Nogle af dem er tro,
men flertallet af dem er afvigere.

111   De kan ikke skade jer
undtagen med onde ord.
Hvis de kæmper imod jer,
flygter de fra jer.
Så får de ingen hjælp.

112   Fornedrelse stemples på dem hvor de end findes
medmindre de har et bånd til Allah og et bånd til folket.
De har kaldt Allahs vrede ned over sig,
og armodet blev stemplet på dem.

Det er fordi de tildækkede Allahs tegn
og dræbte profeterne uden ret.
Det var fordi de var oprørske
og overskred grænserne.

113 De er ikke alle ens.
Der er et samfund blandt Bogens Folk
som er oprigtige:
De reciterer Allahs tegn natten lang,
og de bøjer sig i støvet.

114 De tror på Allah og Den Sidste Dag
og påbyder godhed
og forbyder ondskab
og kappes om at handle skønt.
De er blandt dem som handler ret.

115 I bliver ikke nægtet
hvad I gør af godt.
Allah ved hvem der vogter sig.

116 De som utaknemmeligt tildækker; deres rigdom og børn
hjælper dem ikke imod Allah på nogen måde.
De er Ildens beboere,
de forbliver der i tidløs evighed.

117 Lignelsen om det som de giver ud
i dette lavere liv, er
en vind med et isnende bid
som rammer afgrøden hos et folk
som gør sig selv uret
og udsletter den.
Allah gør dem ikke uret, tværtimod;
de gør sig selv uret.

118 I som er tro! Tag ingen
 udenfor egne rækker som fortrolige.
De bliver aldrig trætte af at fordærve jer.
De elsker det som gør jer fortræd.
Allerede nu kommer hadet ud af deres munde,
 men det som er i deres bryst, er værre.
Vi har gjort tegnene åbenlyse for jer
 hvis I bruger jeres fatteevne.

119 Der er I, I elsker dem, men de elsker ikke jer
 på trods af at I tror på alle Bøgerne.
Når de møder jer, siger de: "Vi er tro."
Men når de forlader jer, bider de deres fingre
 af raseri imod jer.
Sig: "Dø i jeres raseri."
Allah kender hjerternes indhold.

120 Hvis noget godt hænder jer, forbitres de.
Hvis noget ondt rammer jer, glædes de.
Men hvis I er standhaftige og vogter jer,
 kan deres planlægning ikke skade jer på nogen måde.
Allah omslutter alt hvad de gør.

121 Husk da du forlod din familie tidligt om morgenen
 for at opstille de som er tro på kamppladsen.*
Allah er alhørende, alvidende.

122 Og husk da to af dine grupper
 var ved at miste modet,
 og Allah var deres beskytter.
Lad de som er tro, sætte deres lid til Allah.

---

* Resten af denne sura omhandler slaget ved Uhud, nær Madina, som blev
udkæmpet tre år efter udvandringen.

123 Allah hjalp jer allerede ved Badr da I var svage,*
       så vogt jer for Allah
    for at I må være taknemmelige.

124 Og da du sagde til de som er tro:
       "Er det ikke nok for jer at Allah forstærkede jer
       med tre tusind nedsendte engle?"

125 Jo, i sandhed! Men hvis I er standhaftige og vogter jer,
       og de pludseligt angriber jer
       så forstærker jeres Herre jer med fem tusind genkendelige engle.

126 Allah gjorde kun dette for at give jer gode nyheder
       og for at jeres hjerter måtte finde fred.
    Hjælpen er kun fra Allah, Den Almægtige, Den Alvise
127   for at Han kunne afskære en gruppe af de som tildækker;
       enten kaste dem i støvet
       så de vendte hjem med nederlag
128   – du har intet med sagen at gøre –
       eller vende Sig mod dem
       eller straffe dem
       fordi de gør uret.

129 Allah ejer alt i himlene
       og alt på jorden.
    Han tilgiver hvem Han end vil,
       og Han straffer hvem Han end vil.
    Allah er Den Alt-Tilgivende, Den Nådefulde.

130 I som er tro! Ernær jer ikke af åger,
       ganget op og atter ganget op.

---

* Det lille madinesiske samfunds første slag, hvor 313 muslimer besejrede
tusind makkanere.

Vogt jer for Allah
for at I må få succes.

131 Vogt jer for Ilden,
klargjort til de som utaknemmeligt tildækker.

132 Adlyd Allah og Sendebudet
for at I må få nåde.

133 Løb om kap med hinanden mod jeres Herres tilgivelse
og mod en Have hvis bredde er lig himlene og jorden,
klargjort til de som vogter sig:

134 de som giver ud i både gode og svære tider,
de som behersker deres raseri og undskylder andre mennesker
– og Allah elsker de som handler skønt.

135 De som når de handler uanstændigt eller gør sig selv uret,
ihukommer Allah og søger tilgivelse for deres forkerte handlinger
– og hvem kan tilgive forkerte handlinger ud over Allah? –
og ikke med vilje fortsætter med det de gjorde;

136 deres løn er tilgivelse fra deres Herre,
og Haver hvorunder floder strømmer
hvor de forbliver i tidløs evighed.
Hvor vidunderlig er lønnen for de som handler!

137 Begivenheder lig disse er hændt før jer,
så rejs omkring på jorden
og se fornægternes endelige skæbne.

138 Dette er en åbenlys redegørelse til menneskeheden
og en vejledning,
og en formaning til de som vogter sig.

139 Lad jer ikke svække og sørg ikke.
I er øverst – hvis I er tro.

140 Hvis I har fået et sår,
   har de allerede fået et tilsvarende sår.
  Sådanne dage fordeler vi til menneskeheden efter tur
   for at Allah må kende de som er tro
   og må samle martyrerne blandt jer
   – Allah elsker ikke de som gør uret –
141 og for at Allah må rense de som er tro
   og udslette de som utaknemmeligt tildækker.

142 Eller forestiller I jer at I træder ind i Haven,
   uden at Allah kender de af jer som har ført jihad
   og kender de standhaftige?

143 I længtes efter døden før I mødte den.
  Nu har I set den med egne øjne.

144 Muhammad er kun et sendebud,
   og andre sendebude er gået forud for ham.
  Hvis han skulle dø eller blive dræbt,
   ville I så vende omkring på jeres hæle?
  De som vender omkring på deres hæle,
   skader ikke Allah på nogen måde.
  Allah vil betale de taknemmelige tilbage.

145 Intet Selv kan dø, undtagen med Allahs tilladelse
   på et forudbestemt tidspunkt.
  Hvis nogen ønsker belønning i det lavere,
   giver Vi ham noget af den.
  Hvis nogen ønsker belønning i det endelige,
   giver Vi ham noget af den.
  Vi vil betale de taknemmelige tilbage.

146 Mangen en profet er blevet dræbt,
  og mange af Herrens vidende folk med ham;
  de gav ikke op
  over for modstanden de mødte
  på Allahs Vej,
  og de lod sig ikke svække,
  og de gav ikke efter.
Allah elsker de standhaftige.

147 Deres eneste ord var at de sagde,
  "Vor Herre, tilgiv os vore forkerte handlinger
  og overdrivelser i vor sag
  og gør vort fodfæste sikkert
  og hjælp os imod folket som utaknemmeligt tildækker."

148 Så Allah gav dem belønning i det lavere
  og den bedste belønning i det endelige.
Allah elsker de som handler skønt.

149 I som er tro! Hvis I adlyder de som utaknemmeligt tildækker,
  vender de jer omkring på jeres hæle,
  og I bliver forvandlet til tabere.

150 Nej, Allah er jeres beskytter.
Og Han er den bedste hjælper.

151 Vi vil indgyde rædsel i hjerterne på de som utaknemmeligt tildækker
  fordi de har tilskrevet Allah partnere
  hvilket Han ikke har nedsendt bemyndigelse til.
Deres bolig er Ilden.
Hvor ond er boligen for de som gør uret!

152 Allah opfyldte Sit løfte til jer
  da I slagtede dem med Hans tilladelse.

Men så vaklede I og blev uenige om jeres ordrer
   og var ulydige efter at Han havde vist jer hvad I elsker.*
Blandt jer er de som ønsker det lavere,
   og blandt jer er de som ønsker det endelige.
Han afværgede jer fra dem for at prøve jer
   – men Han har undskyldt jer.
Allah har overflod til de som er tro.

153 Husk da I styrtede op ad skråningen uden at vente på nogen
   selv om Sendebudet kaldte bag jer:
Allah lønnede jer med en bekymring som erstatning for en anden
   så I hverken sørgede over det som undslap jer
   eller det som ramte jer.
Allah er fuldt ud bevidst om hvad I gør.

154 Så, efter bekymringen, sendte Han tryghed ned over jer
   så en fredfyldt søvn indhentede en gruppe af jer
   mens en anden gruppe kun bekymrede sig om sig selv
   og tænkte andet end sandheden om Allah
   – tanker som kun hører til Uvidenhedens Tidsalder –
   og sagde: "Har vi overhovedet noget med sagen at gøre?"
Sig: "Hele sagen tilhører Allah."
De skjuler noget inde i sig selv som de ikke røber for dig.
De siger: "Havde vi blot haft noget med sagen at gøre,
   var ingen af os blevet dræbt her."
Sig: "Selv om I var blevet i jeres hjem,
   var de mennesker for hvem drab stod skrevet,
   vandret ud til deres dødslejer."
   – for at Allah må prøve hvad der er i jeres bryst
   og rense hvad der er i jeres hjerter.
Allah kender hjerternes indhold.

---

* Dette omhandler en gruppe af bueskytter som forlod deres stilling
under slaget ved Uhud for at samle krigsbytte. Fjenden fik derfor tid til at
omgruppere sig til et modangreb.

155 De af jer som vendte ryggen til
   den dag de to hære mødtes;
   det var satanen som fik dem til at snuble
   over noget af det de havde optjent.
   Men Allah har undskyldt dem.
   Allah er alt-tilgivende, overbærende.

156 I som er tro! Vær ikke som de der utaknemmeligt tildækker
   og siger om deres brødre som rejser omkring i landet
   eller er på militære ekspeditioner,
   "Var de blot blevet hos os, var de ikke døde,
   og de var ikke blevet dræbt,"
   så Allah gør dette til en sorgens kilde i deres hjerter.
   Det er Allah som giver liv og forårsager død.
   Allah ser hvad I gør.

157 Om I bliver dræbt på Allahs Vej eller blot dør,
   er tilgivelse fra Allah og nåde
   bedre end hvad I samler på.

158 Om I dør eller bliver dræbt, det er til Allah I samles.

159 Hvilken nåde fra Allah at du var blid mod dem.
   Havde du været grov eller hårdhjertet,
   var de flygtet fra dig i alle retninger.
   Så undskyld dem og bed om tilgivelse for dem,
   og rådfør dig med dem om sagen.
   Når du så har besluttet dig,
   sæt din lid til Allah.
   Allah elsker de som sætter deres lid til Ham.

160 Hvis Allah hjælper jer, kan ingen besejre jer.
   Hvis Han forlader jer, hvem hjælper jer så efter Ham?
   Så de som er tro, skal sætte deres lid til Allah.

161 Ingen profet ville nogensinde tilegne sig noget uretmæssigt.
Enhver som gør det, ankommer til Opstandelsens Dag
       med det han uretmæssigt tilegnede sig.
Hvert et Selv får dets optjening udbetalt til fulde.
De gøres ikke uret.

162 Er de som søger Allahs tilfredshed,
       lig de som vækker Allahs vrede
       og hvis bolig er Helvede?
Hvilket ondt rejsemål!

163 De har forskellige grader hos Allah.
       Allah ser hvad de gør.

164 Allah udviste stor nåde mod de som er tro
       da Han rejste et sendebud iblandt dem fra deres egne
       som reciterer Hans tegn for dem og renser dem
       og lærer dem Bogen og visdom,
       skønt de før det var i åbenlys vildfarelse.

165 Hvorfor er det sådan at når en katastrofe rammer jer
       – selv om I allerede har forvoldt det dobbelte –
       så siger I: "Hvor kommer det fra?"
Sig, "Det kommer fra jer selv."
Allah har magt over alting.

166 Det som ramte jer da de to hære mødtes,
       skete med Allahs tilladelse
       for at Han må kende de som er tro
167   og for at Han må kende de som hykler.
Der blev sagt til dem, "Kom og kæmp på Allahs Vej
       eller hjælp med at forsvare os."

De sagde: "Hvis vi kendte til kamp,
  ville vi helt sikkert følge jer."
Den dag var de tættere på at tildække end på at være tro
  idet deres munde sagde andet end det der var i deres hjerter.
Og Allah ved bedst hvad de skjuler.

168 Det er dem som sagde om deres brødre
  mens de selv sad tilbage,
  "Havde de blot adlydt os, var de ikke blevet dræbt."
Sig: "Så skub døden væk fra jer selv
  hvis I er sandfærdige."

169 Forestil jer ikke at de som blev dræbt på Allahs Vej, er døde.
Tværtimod! De lever i deres Herres Nærvær; forsørget
170 – glade for den overflod Allah har skænket dem,
  glade på vegne af dem de lod bag sig
  som endnu ikke har sluttet sig til dem
  at de hverken vil ængstes eller sørge.
171 Glade over en lykke fra Allah og overflod
  og over at Allah ikke lader lønnen til de som er tro,
  gå til spilde.

172 De som svarede Allah og Sendebudet
  efter såret var blevet dem tilføjet
  – de af dem som handlede skønt og vogtede sig –
  får en umådelig løn:
173 De til hvem folk sagde,
  "Folk har samlet sig imod jer, så frygt dem."
Men det øgede kun deres tro, og de sagde:
  "Allah er nok for os og Den Bedste Værge!"
174 Så de vendte tilbage med en lykke fra Allah og overflod,
  og intet ondt rørte dem.
De fulgte det som gør Allah tilfreds,
  og Allah ejer umådelig overflod.

175 Det var blot satanen som skræmte jer med sine venner.
Men frygt dem ikke – frygt Mig, hvis I er tro.

176 Lad ikke de som stormer hovedkulds ud i tildækning,
    gøre jer ulykkelige.
De vil ikke skade Allah på nogen måde.
Allah ønsker ikke at give dem nogen del i det endelige.
En umådelig straf er deres.

177 De som sælger deres tro for tildækning,
    vil ikke skade Allah på nogen måde.
En smertefuld straf er deres.

178 De som utaknemmeligt tildækker, skal ikke forestille sig
    at den ekstra tid Vi tildeler dem,
    er bedre for dem.
Vi tildeler dem kun mere tid
    for at de må udføre endnu flere forkerte handlinger.
En ydmygende straf er deres.

179 Allah sætter kun de som er tro i den situation, I nu befinder jer i
    for at Han kan skille de ildelugtende fra de velduftende
    – Allah vil ikke hæve jer over det usete.
Men Allah vælger de af Sine sendebude Han vil.
Så tro på Allah og Hans sendebude.
Hvis I er tro og vogter jer,
    er en umådelig løn jeres.

180 De som er nærige med den overflod Allah har givet dem,
    skal ikke forestille sig at det er bedre for dem.
Tværtimod! Det er værre for dem!
Det som de var nærige med,
    hænges omkring deres halse
    på Opstandelsens Dag.

Himlenes og jordens arv tilhører Allah,
   og Allah er fuldt ud bevidst om hvad I gør.

181 Allah har hørt ordene fra de som siger,
   "Allah er fattig, og vi er rige."
Vi vil nedskrive hvad de siger
   og at de har dræbt profeterne uden ret,
   og Vi siger: "Smag Den Brændende Straf.

182 Det er for hvad jeres hænder har sendt i forvejen."
Allah gør ikke Sine slaver uret.

183 De som siger: "Allah har lavet en pagt med os
   om at vi ikke stoler på et sendebud
   medmindre han bringer os et offerdyr
   som opsluges af ild."
Sig: "Før mig kom sendebude til jer med de klare beviser
   og med det I taler om.
Så hvorfor dræbte I dem hvis I er sandfærdige?"

184 Hvis de kalder dig en løgner, er sendebude før dig
   som bragte dem klare beviser og skrevne tekster
   og den oplysende Bog,
   også blevet kaldt løgnere.

185 Hvert et Selv smager døden.
På Opstandelsens Dag får I kun jeres løn
   – udbetalt til fulde.
De som er på afstand af Ilden
   og får adgang til Haven,
   har sejret.
Det lavere liv er intet
   andet end nydelsen af et blændværk.

186 I vil blive prøvet, med jeres ejendom og jer selv,
        og I vil høre mange nedladende ord
        fra de som modtog Bogen før jer
        og fra de som tilskriver Allah partnere.
     Men hvis I er standhaftige og vogter jer,
        er det den mest målrette vej at følge.

187 Da Allah lavede pagten med de som modtog Bogen:
        "I skal forklare den for folk og ikke skjule den."
     Men de smider den bag deres ryg med foragt
        og sælger den for en billig pris.
     Hvor ondt er det de køber!

188 De som glæder sig over hvad de har gjort
        og som elsker at blive lovprist for hvad de ikke har gjort,
        skal ikke forestille sig – og forestil dig heller ikke selv –
        at de er i sikkerhed fra straffen.
     En smertefuld straf er deres.

189 Allah ejer himlenes og jordens kongedømme,
        Allah har magt over alting.

190 I himlenes og jordens skabelse
        og i nattens og dagens vekslen,
        er der tegn for folk med forstand
191   som ihukommer Allah,
        stående, siddende og liggende på deres sider
        og overvejer himlenes og jordens skabelse:
     "Vor Herre, Du har ikke skabt dette for intet.
     Fuldkommen er du!
     Vogt os imod Ildens straf.
192 Vor Herre, de som Du kaster i Ilden,
        har Du i sandhed vanæret.
     De som gør uret, har ingen hjælpere.

193 Vor Herre, vi hørte en kalder kalde os til at tro:
'Tro på jeres Herre!'
og vi er tro.
Vor Herre, tilgiv os vores forkerte handlinger
og slet vores usle handlinger
og tag os tilbage til Dig – sammen med de som lydigt hengiver sig.

194 Vor Herre, giv os hvad du har lovet os
ved dine sendebude
og vanær os ikke på Opstandelsens Dag.
Du bryder ikke Dit løfte."

195 Deres Herre svarer dem:
"De som handler, deres handlinger lader Jeg ikke gå til spilde,
hankøn eller hunkøn, i den sammenhæng er I ens.
De som udvandrede og blev drevet fra deres hjem
og blev skadet på Min Vej og kæmpede og blev dræbt;
Jeg sletter deres usle handlinger
og lukker dem ind i Haver,
hvorunder floder strømmer;
en løn fra Allah.
Den bedste løn er hos Allah."

196 Lad dig ikke blænde af at de som utaknemmeligt tildækker,
bevæger sig frit omkring på jorden.

197 En kort nydelse;
deres bolig er Helvede.
Hvilket ondt hvilested!

198 Men de som vogter sig for deres Herre, har Haver
hvorunder floder strømmer,
de forbliver der i tidløs evighed:
Gæstfrihed fra Allah.
Det som er hos Allah, er bedre
for de som lydigt hengiver sig.

199 Blandt Bogens Folk
       er der de som tror på Allah
       og på det som er blevet sendt ned til jer
       og det som blev sendt ned til dem
       og som er ydmyge foran Allah.
     De sælger ikke Allahs tegn for en billig pris.
     Sådanne folk har deres løn hos deres Herre.
     Og Allah er hurtig til at afregne.

200 I som er tro, vær standhaftige,
       vær overlegne i jeres standhaftighed,
       vær beredt på kamp
       og vogt jer for Allah
       for at I må få succes.

Navne

Ordforklaring

'Arafat er en slette udenfor Makka som indgår i riterne ved hajj.

Den Hellige Moské *al-Masjid al-Haram* er moskéen i Makka.

det endelige *akhira* er det, som venter på den anden side af døden. *Akhira* er ikke et substantiv, men et adjektiv som i *ad-dar al-akhira* – 'det endelige hvilested.'

det lavere *dunya* er denne verden, ikke som kosmisk fænomen, men som den opleves. Dunya er ikke et substantiv, men et adjektiv som i *al-hayat ad-dunya* – 'det lavere liv.'

dinar er en guldmønt på 4.22 gram.

gaver til fattige *sadaqa* bruges i Qur'anen ofte synonymt med *zakat*, men betyder også at give til en, der har brug for det, enten som en valgfri gerning eller som en kompensation for en fejl, dårligt udført tilbedelse eller en forkert handling.

hajj er betegnelsen for den større valfart til Makka, som er en forpligtelse for alle muslimer der evner det.

handle skønt *ihsan* er at du tilbeder Allah som om du ser Ham, og hvis du ikke ser Ham, ser Han dig. Det er den tredje af de tre dimensioner – *islam, iman* og *ihsan* – som udgør muslimernes livstransaktion. Ordets rod er *hasan*, som både betegner noget godt og skønt, og *ihsan* betyder at opløfte en handling til dens mest fuldkomne og skønne form. *Ihsan* omfatter alle nådefulde, gavmilde og venlige handlinger.

Huset *al-bayt* er den firkantede bygning i Makka, Ka'baen.

Ibrahims stade *maqam Ibrahim* er området foran døren til Ka'baen, hvor Ibrahim bad, fred være med ham. Muslimerne beder på dette sted.

ihukomme/huske *dhikr* betyder samtidig at nævne Allah og at huske Ham i hjertet. Al tilbedelse er en ihukommelse af Allah, og 'Ihukommelsen' er et af Qur'anens navne. Muslimerne søger at øge deres *dhikr* af Allah for at huske Ham. Allah siger, "så ihukom Mig – Jeg vil ihukomme jer." (Surat al-Baqara: 151).

Injil er den åbenbaring som profeten 'Isa modtog, fred være med ham. Den skal ikke forveksles med evangeliet, selv om dette kan indeholde brudstykker, oversat via græsk fra den forsvundne aramæiske original.

islam er at du vidner om at der er ingen gud, kun Allah og at Muhammad er Allahs sendebud, at du iværksætter bønnen, betaler zakat, faster i måneden ramadan og tager på hajj hvis du evner det. Islam er således at underkaste både sig selv og sine handlinger, hvad Allah ønsker, som anvist af Hans sidste sendebud, fred og nåde være med ham. Ordets rod *salima* betyder 'han fandt tryghed, sikkerhed' eller 'han blev fri (fra fejl, mangler eller ulykker).' Fra samme rod udledes navneordet *silm* – 'fred' eller 'genforening.'

iværksætte bønnen *iqamati's-salat* er at etablere bøn i samfundet.

livstransaktion *diin*, hvis rod – *dayn* – betegner gæld og overførsel af værdi, er at leve med bevidstheden om den gæld, man står i til sin Skaber. Dermed er *diin* et langt videre begreb end den vage betegnelse 'religion.' Det omfatter alle detaljer i en social, økonomisk og spirituel sammenhæng.

mindre valfart *'umra* kan gennemføres på ethvert tidspunkt af året i Makka.

muslim er betegnelsen for et menneske hvis livstransaktion er islam.

Renhedens Ånd *ar-ruh al-quds* er et andet navn for ærkeenglen Jibril.

Safa og Marwa er to små højdedrag nær Ka'baen, som indgår i riterne under hajj og den mindre valfart.

Sandheden *haqq* betyder oprindelig 'selve virkeligheden.' *Al-Haqq* er et af Allahs 99 navne og samtidig en anden betegnelse for Qur'anen.

sataner *shayatin*, ental *shaytan*, er en fælles betegnelse for mennesker og immaterielle væsner (*jinn*), som tildækker sandheden og søger at føre andre bort fra at huske Allah og at adlyde Ham.

Selv *nafs* bruges ligesom pronominet 'selv' på dansk (f.eks. 'mig selv' – *nafsi*), men er samtidig et selvstændigt substantiv, som i "Hvert et Selv får dets optjening udbetalt til fulde" (Surat al-Baqara: 280). Bruges sommetider synonymt med *ruh* – ånd – men betegner oftere personen eller mennesket i hele dets sammenhæng, krop og sjæl.

stedfortræder *khalifa* er 'den som handler på kongens vegne.' Betegner Adam i Surat al-Baqara. Også titlen på muslimernes fælles leder som træder i stedet for Allahs Sendebud, fred og nåde være med ham.

sura og **surat** betyder 'en del.' Qur'anen har 114 suraer.

sømmelig måde *ma'ruf* fra rodformen *'arafa* – 'han genkendte' – betegner den opførsel som anerkendes som korrekt, høflig, anstændig og retfærdig i hvert enkelt tilfælde.

Tawrah er den åbenbaring som profeten Musa modtog, fred være med ham. Den skal ikke forveksles med toraen eller de fem mosebøger, selv om disse kan indeholde brudstykker fra originalen.

tegn *aya* betyder et vers i Qur'anen, Skaberens tegn til skabningerne, både i verden og i dem selv, samt et mirakel.

tilskrive Allah en partner *shirk* kan være åbenlys eller skjult. Åbenlys *shirk* består i at forgude det skabte sammen med Skaberen eller i stedet for Ham. Skjult *shirk* består i at tilskrive det skabte selvstændig virkning ved f.eks. at tro, at medicin i sig selv helbreder i stedet for at se medicinen som et udtryk for Allahs helbredelse, eller ved at tro at Allah har skabt naturen, mens mennesket har skabt kulturen, selv om Allah siger: "Allah har skabt jer og hvad I gør." (Sura as-Saffat: 96).

tro/være tro *iman* er troen på Allah, Hans engle, Hans Bøger, Hans sendebude, Den Sidste Dag, og på at skæbnen både på godt og ondt er fra Allah. *Iman* er en af de tre dimensioner – *islam, iman* og *ihsan* – som tilsammen udgør muslimernes livstransaktion. *Iman* betyder 'at være tro mod hvad Allah har betroet én, med en fast tro i hjertet, ikke kun ved at erklære det på tungen,' og oversættes her til 'at være tro.' *Amana bihi* er oversat til 'han troede det,' eller 'han troede på det.'

udvandring *hijra* er at flytte fra et sted til et andet for Allahs skyld for der at etablere Allahs livstransaktion. Muslimernes kalender dateres fra Sendebudets udvandring fra Makka til Madina, fred og nåde være med ham.

uorden *fasad* omfatter flere betydninger, bl.a. fordærv, ødelæggelse, korruption og virkningsløshed.

utaknemmeligt tildække *kafara* betyder 'han slørede, skjulte, gemte eller tildækkede noget,' og derfor 'han skjulte/tildækkede den lykke Allah gav ham.' Betyder også 'han var utaknemmelig' og 'han fornægtede.' Vendingen har den modsatte betydning af *iman* – 'tro/være tro.'

Uvidenhedens Tidsalder *jahiliyya* er tiden før islam.

vogte sig *taqwa* er at beskytte eller vogte sig selv. *Taqwa* er den bevidsthed om Allah, som gør, at man adlyder Ham, hvilket afholder en fra ulydighed.

zakat er den faste årlige andel som en *amir* (en leder) og hans indsamlere tager fra de selvforsørgende i samfundet og giver til otte kategorier, som bl.a. omfatter de fattige, nødstedte og gældstyngede. Zakat er ikke en indkomstskat, men tages fra formue og fungerer dermed som en renselse af rigdommen. Ordet antyder 'beskæring,' som er en nødvendig del af plejen, hvis man ønsker, at ens træer skal give frugt. Zakat betales af og med guld, sølv og visse typer afgrøder og kvæg.

åger *riba* rummer mere end både urimelige renter eller det at tage og give almindelig rente, selv om ordet også dækker disse betydninger. Børser, fremtidige markedsandele og brug af pengesedler, hvis værdi banksystemet driver i vejret, er *riba*.

Bibliografi

Warsh mushaf. Denne fremlægning af Qur'anen er baseret på Warsh-recitationen fra Madina. Den stammer fra Abu 'Amr ibn 'Uthman ibn Sa'id ad-Dani, som reciterede den hos sin shaykh, Abu'l-Qasim Khalf ibn Ibrahim ibn Muhammad ibn Khaqan, Qur'anlæreren i Ægypten. Han fik den overleveret fra sin shaykh, Abu Ja'far Ahmad ibn Usama at-Tujibi, fra Isma'il ibn 'Abdullah an-Nahhas fra Abu Ya'qub Yusuf ibn 'Amr ibn Yasar al-Azraq fra Warsh, som nævnt i *Kitab at-Taysir.* Ægypteren, Imam Abu Sa'id 'Uthman ibn Sa'id, var kendt under navnet Warsh og døde i Ægypten i 197 efter *hijra**. Han overleverede recitationen fra Nafi' ibn 'Abd ar-Rahman ibn Abu Nu'aym fra Madina, som døde i 169 efter *hijra*, som overleverede den fra 'Abd ar-Rahman ibn Hurmuz al-A'raj, Qadien Shaybah ibn Nisah, Muslim ibn Jundub al-Hudhali, Yazid ibn Ruman, Qur'anrecitatoren Abu Ja'far Yazid ibn al-Qa'qa' fra Abu Hurayrah, Ibn 'Abbas og 'Abdullah ibn 'Ayyash ibn Abi Rabi'ah fra Ubayy ibn Ka'b fra den sidste profet og sendebud, må Allahs nåde og fred være med ham, fra den pålidelige ærkeengel, Jibril, fra Allah, verdenernes Herre. Nafi's recitation er en af muslimernes syv recitationer, og Imam Malik sagde, "Nafi'-recitationen er *sunna*." Nummereringen af *ayat* følger metoden fra de lærde i Kufa fra Abu 'Abd ar-Rahman 'Abdullah ibn Habib as-Sulami fra 'Ali ibn Abi Talib. Antallet af *ayat* er 6.236.

The Noble Qur'an, a new rendering of its meanings in English, Abdalhaqq and Aisha Bewley, Bookwork, Norwich UK, 1420/1999.

---

* *hijra* – Profetens udvandring fra Makka, fred og nåde være med ham. Bemærk at udgivelsesdatoer for islamiske værker opgives med årstallet efter *hijra*, fulgt af konventionel datering.

Arabic-English Lexicon, E.W. Lane, The Islamic Texts Society, Cambridge, England, 1984. Den danner udgangspunktet for ordforklaringen og er i sig selv en engelsk oversættelse af de store klassiske arabiske ordbøger som *Taj al-'Arus, al-Qamus al-Muhit, Lisan al-'Arab*, o.s.v.

At-tashil li 'ulum at-tanzil, Muhammad ibn Ahmad ibn Juzayy al-Kalbi fra Granada, Spanien, (693/1294 – 741/1340), Dar al-Kitab al-Arabi, Beirut, Lebanon. 1393 /1973

Hashiyah as-Sawi 'ala tafsir al-Jalalayn, Ahmad ibn Muhammad as-Sawi al-Misri al-Khalwati al-Maliki (1175/1761 – 1241/1825), Dar al-Fikr, Beirut, Libanon 1419/1998.

Al-Jami' li ahkam al-Qur'an, Muhammad ibn Ahmad ibn Abi Bakr Abu 'Abdullah al-Ansari al-Qurtubi (død i 671/1273), Dar Ihya at-Turath al-Arabi, Beirut, Libanon, 1405/1985.

Politikens Nudansk Ordbog med Etymologi, Politikens Forlag A/S, Danmark, 2000.

Dansk Etymologisk Ordbog: Ordenes Historie, Niels Åge Nielsen, Gyldendalske Boghandel, Nordisk Forlag A/S, København, Danmark, 1966, 1989.

Engelsk-Dansk Ordbog, B. Kjærulff Nielsen, Gyldendalske Boghandel, Nordisk Forlag A/S, København, Danmark, 1964, 1974.

The Complete Forty Hadith: revised edition with the Arabic texts, Imam an-Nawawi. Oversat af Abdassamad Clarke. Ta-Ha Publishing Ltd., London, UK. 1421/2000.

Kierkegaards Samlede Værker, bind 19, A. B. Drachmann, J. L. Heiberg og H. O. Lange, Gyldendals tredie-udgave, København, 1964.